SENDO VOCÊ MESMO

Dados Internacionais de Catalogação na Publicação (CIP)
(Câmara Brasileira do Livro, SP, Brasil)

George, Mike
Sendo você mesmo : liberte-se do ego : cure suas emoções : renove sua energia / Mike George; tradução de Débora Pita. – Petrópolis, RJ : Vozes, 2019.

Título original: Being your self : seeing and knowing what's in the way is the way : liberation from ego : healing your emotions : renewing your energy
Bibliografia
ISBN 978-85-326-6147-0

1. Autoconhecimento (Psicologia) 2. Conduta de vida 3. Crescimento pessoal 4. Ego (Psicologia) 5. Emoções 6. Energia 7. Espiritualidade I. Pita, Débora. II. Título.

19-26044 CDD-158.1

Índices para catálogo sistemático:
1. Autoconhecimento : Crescimento pessoal : Conduta de vida : Psicologia 158.1

Maria Alice Ferreira – Bibliotecária – CRB-8/7964

MIKE GEORGE

SENDO VOCÊ MESMO

LIBERTE-SE DO **EGO**
CURE SUAS **EMOÇÕES**
RENOVE SUA **ENERGIA**

Tradução de Débora Pita

EDITORA VOZES
Petrópolis

Título do original em inglês: *Being Your Self – Seeing and Knowing What's IN the Way IS the Way – Liberation from EGO – Healing Your EMOTIONS – Renewing Your ENERGY,* by Mike George, 2014.

Direitos de publicação em língua portuguesa – Brasil:
2019, Editora Vozes Ltda.
Rua Frei Luís, 100
25689-900 Petrópolis, RJ
www.vozes.com.br
Brasil

Editoração: Ana Lucia Q.M. Carvalho
Diagramação: Sheilandre Desenv. Gráfico
Revisão gráfica: Lindsay Viola
Capa: Érico Lebedenco

ISBN 978-85-326-6147-0 (Brasil)
ISBN 978-0-9576673-3-4 (Reino Unido)

Editado conforme o novo acordo ortográfico.

Este livro foi composto e impresso pela Editora Vozes Ltda.

Conteúdo

Parte TRÊS
EMOÇÕES em jogo, 73

Sete IN SIGHTS[1] sobre como suas emoções entram NO caminho

Parte QUATRO
CONTÁGIO emocional, 129

Emoção como a principal moeda de troca!

1. O autor joga com a palavra *insight*, desmembrando-a em *in sight*; ou seja, olhar para dentro [N.T.].

Acordando!

Na dimensão física, no universo de sua cama,
enquanto você dorme, você sonha.
Em seu sonho, você acredita que está acordado.
E, é apenas ao acordar de seu sonho
que você descobre que estava dormindo.
Na dimensão espiritual, que é o universo
de sua consciência (que é você), enquanto você acredita
que está acordado,
aquilo é realmente um sonho.
Você sonha o mundo, porque você o filtra com sua percepção,
que é, em grande parte, moldada por seu ego,
o qual é uma versão "irreal" de você!
Isso faz com que você crie uma versão "irreal" de tudo e de todos.
O que você acredita ser real é irreal, mas você não sabe disso.
O sofrimento que resulta disso faz com que seu sonho acordado
geralmente pareça um pesadelo.
O pesadelo é tolerável, até chegar o dia em que não é mais.
Então, é certo que, em algum momento, você começará
a questionar a natureza da realidade.
Ao fazer isso, você começará a acordar do sonho
que pensava ser real.
Quanto tempo vai levar para você acordar, não é a pergunta certa!
Como você sabe quando está acordado?
Esta é a questão!

Você é capaz de CONHECER a verdade sobre si mesmo?

Por que às vezes reagimos a uma pessoa só de vê-la? Por que nos emocionamos ao ver a tristeza do outro? Por que nos entregamos a um filme e nos assustamos ou choramos, mesmo sabendo que é apenas um filme? Por que precisamos pagar a alguém para descobrir algo que aconteceu em nosso passado e que está regendo o nosso presente? Por que nem todos esses métodos e técnicas de mudança interior – que prometem "libertar seu poder" e "alcançar seu potencial" – não promovem a transformação que buscamos em nossos sentimentos e em nossa vida?

É provável que existam centenas de outras perguntas semelhantes sendo feitas todos os dias por milhares de pessoas. Elas surgem como resultado da busca em preencher o grande vazio que surge em quase todos nós quando, de repente, percebemos que já somos adultos! "Autoconhecimento" é esse grande espaço vazio no meio de quase todas as nossas vidas. Há pouco mais de trinta anos, notei a presença desse vazio. Percebi que a causa de meu alto nível de estresse devia-se à ignorância sobre mim mesmo! Então, "sentindo" o chamado para descobrir o porquê de minha vida estar sem alegria e sem sentido, parti pelo mundo para encontrar "a verdade"! Por fim, compreendi que aquela havia sido uma decisão ingênua, uma vez que a verdade que buscava não estava "lá fora", em algum lugar do universo. Ela está cravada no coração de cada um de nós. Ela não pertence a uma religião, filosofia e, certamente, a nenhum indivíduo, independentemente do quanto ele possa ser estimado pelos outros. A verdade não é uma teoria, filosofia ou conceito.

Nisto, como em todas as minhas outras tentativas de escrever, não pretendo lhes contar a verdade. Cada vez mais, os buscadores começam a perceber que a verdade não pode ser contada. Ela não pode ser capturada em palavras. Podemos apenas apontar para ela.

Eu somente divido com vocês minhas próprias descobertas e compreensões, alguns *insights* e talvez um pouco de sabedoria acumulada.

A experiência me diz que um dos modos para conseguirmos redescobrir e perceber o que é a verdade é desvendando e identificando nossas crenças herdadas e aprendidas. E então, "ver além e por detrás" dessas crenças, por meio de práticas como a meditação, contemplação e conversas profundas com os outros. É fácil nos tornarmos consumidores das compreensões e reflexões de outras pessoas, acreditando que elas nos empoderem. É fácil devorar a sabedoria dos outros e sofrer de uma espécie de indigestão intelectual. Criar uma dieta equilibrada da sabedoria dos outros, juntamente com suas próprias reflexões pessoais, integradas às suas práticas diárias de meditação e contemplação, parece gerar as necessárias percepções do que é verdadeiro para você.

Por que você deve buscar por suas verdades mais profundas? Provavelmente reconhece que as forças mentais e intelectuais do mundo estão neste momento – e em grande escala – mais do que confusas! Embora tenhamos mais informações, elas parecem conter menos sabedoria; estamos mais confortáveis, mas parecemos menos felizes; há um progresso incrível em termos de tecnologia, mas parece haver mais desconexão e conflito em nossos relacionamentos; o meio ambiente está nos dizendo para pararmos de depredá-lo, e nossos corações estão nos dizendo para sossegarmos; mas parece que não conseguimos fazer nada disso. A maioria de nós está viciada em suas próprias emoções, e o ego se alastra descontrolado em quase todas as áreas da sociedade. Mas tudo isso é "lá fora", e é apenas uma distração, até que entendamos completamente o que, na verdade, está acontecendo "aqui dentro", em nosso coração e mente.

Este livro não foi idealizado para ser um texto definitivo que forneça respostas ou técnicas mágicas. Ele contém apenas *insights*, observações e realizações de minha própria prática reflexiva e meditativa, enquanto em contato com a sabedoria dos sábios! Por favor, não "acredite" em uma palavra do que lê. Nós já temos crenças suficientes. Veja por si mesmo! Ao fazer isso, juntos irão os seus pensamentos, sentimentos e ações. Na verdade, são as "crenças" que estão lentamente sufocando nossa energia, e são as "crenças" que usamos como justificativa para sufocarmos os outros. Aqui é melhor usarmos as palavras como auxílios ou sinalizações. Antes de SER você mesmo vem o VER por si mesmo! Mas primeiro vamos definir bem o desafio incorporado no título. É um desafio que aparentemente estamos todos enfrentando, conscientes ou não!

Sendo você mesmo

Não é fácil ser você mesmo. Na maior parte do tempo parece que todo mundo quer que você seja outra pessoa, enquanto projeta em você a versão que ele tem de sua pessoa!

Todos os dias somos cercados e armadilhados por mil imagens e vozes, todas nos chamando para investir nossa identidade em seu produto, sua marca, seu rótulo, seu serviço. Elas sabem que se assim procedermos, elas terão acesso aos nossos bolsos. Não é fácil resistir a isso!

Quase todos os filmes foram cuidadosamente elaborados para atraí-lo e fazer com que você vivencie um (ou talvez muitos) personagem, como se fosse ele! Você é convidado a adentrar pelas aventuras e traumas, a identificar-se com as dores emocionais e sentir o que ele sente. É uma ilusão de uma ilusão, que ao mesmo tempo vicia e é exaustiva. Não é fácil desviar o olhar!

A maioria das músicas modernas que captam a nossa atenção nos prende com uma combinação de letra e som, com os quais achamos fácil entrar em ressonância. Nós nos envolvemos na música e vivenciamos as palavras, pelo menos por alguns momentos. Escolhemos uma faixa e a tornamos a trilha sonora de nossa vida, pelo menos por alguns momentos! Não é fácil desligarmos! Não é fácil não querer ouvir repetidamente! Mesmo aquelas pessoas glamorosas das revistas nos treinaram a admirar e aspirar sermos e vivermos como as pessoas glamorosas de suas páginas brilhantes. Projetamos nosso senso de identidade no estilo de vida aparentemente brilhante que elas têm com um sentimento de admiração e um desejo de ser como "elas". Fica difícil, para muitos, não se produzir daquela maneira brilhante.

Antes de entrarmos no vasto mundo adulto, com todas as suas tentativas de moldar nosso senso de identidade, todos nós estávamos à mercê de nossos pais e professores, que gastaram tanto tempo nos perguntando e nos dizendo o que podíamos ser, devíamos ser, seríamos! Não foi fácil perceber – especialmente naquela idade em que estávamos sendo formados – a projeção de suas aspirações em nossa vida. É mais do que provável que isso apenas tenha embaçado nossa capacidade de sermos nós mesmos e de vermos por nós mesmos. Não foi fácil ignorá-los!

Portanto, não é de se surpreender que todos nós passemos por uma forma pessoal única de crise de identidade. Alguns se verão, em algum momento, gritando frustrados ao mundo: "Mas que droga eu sou?" Outros simplesmente manterão tudo dentro de si e desenvolverão uma estratégia de enfrentamento, ao mesmo tempo em que oprimem suas frustrações. Alguns ficarão tão confusos e desorientados internamente, que talvez inventem múltiplas identidades, com comportamentos e falas considerados transgressores pela sociedade. É dessa condição que os psiquiatras e terapeutas terão seu sustento. E depois vem a vasta maioria de "nós" que viveremos toda a nossa vida sem perceber que todas as nossas raivas e medos, todas as nossas reações e fúrias, todos os nossos descontentamentos e alienação, todos os nossos encontros infelizes, enfim, todo o nosso estresse e sofrimento, têm como base uma única coisa. Nós não sabemos quem somos realmente! Mas não é fácil fazer essa conexão!

Inclusive é provável que haja um desses momentos em que, ao estarmos ansiosos nos preparando para uma entrevista ou nervosos para uma apresentação, um amigo diga: "Relaxe, vai dar tudo certo. Simplesmente seja você mesmo". Nosso pensamento imediato soará como "Sim, claro, eu só preciso relaxar e ser eu mesmo". Mas não demora para surgir o tsunami mental gritando: "Sim, mas o que significa isso? O que significa ser eu mesmo? Como ser eu mesmo? Eu não sei como ser eu! Espera um pouco, quem sou eu?" Não só a ansiedade nos inunda de novo, como a interrogação existencial mais profunda passa agora a ficar em nossa cabeça! Mas não é fácil manter a pergunta "Quem sou eu?", uma vez que agora aprendemos e desenvolvemos, com eficiência, muitos hábitos de nos perder em algo ou alguém que nós não somos! Esses hábitos são também conhecidos como "fuga"!

Você já se perguntou por que "parece" ser uma pessoa diferente na presença de pessoas diferentes? Você já percebeu com que frequência procura por outros para confirmar quem você é? Você já se perguntou: "Será que, quem eu achava que eu era, mudou?" Em caso afirmativo, quem você achava que era, e quem pensa que é agora? Você já chegou a listar todas as coisas sobre as quais fundamenta e constrói seu senso de identidade?

E é assim que podemos facilmente viver a nossa vida toda e nunca ser quem realmente somos. Procurar por si mesmo não ajuda!

Vendo a si mesmo

Você não consegue ver o próprio rosto, exceto a ponta de seu nariz! Você só consegue ver um "reflexo" de seu rosto. Será que o olho pode ver o olho? Obviamente que não, já que é o olho que está olhando. Da mesma forma, você nunca pode "ver" a si mesmo. O "você mesmo" não é seu rosto! O "você mesmo" é o ser, o "você mesmo" que diz "eu sou"! Você não pode ver a si mesmo, pois é você quem está olhando... para si!

A única maneira de você ver a si mesmo está no reflexo que vem dos espelhos, que são seus relacionamentos. Mas, assim como o equivalente físico, isso será uma representação superficial, distorcida pela curvatura dos espelhos. A visão que os outros têm de você será distorcida pela complexidade e confusão já existentes dentro "deles"! Eles verão você de acordo com as cores da crença que têm de si mesmos. Em outras palavras, se eles não se conhecerem com precisão, refletirão um senso impreciso de você. É por isso que olhar no espelho dos outros, para ter uma noção de si mesmo, sempre lhe dará uma visão imprecisa e distorcida. Que alívio!

Quase ninguém tem uma visão verdadeiramente clara de nada nem de ninguém, por não serem capazes de ser consistentemente eles mesmos. Nossa percepção e, portanto, nossa visão dos outros, é sempre obscurecida por nosso próprio senso de identidade, que é, como veremos, não real, não verdadeiro. Isso não é fácil "ver", uma vez que está tão próximo de nós mesmos! Mas, embora seja uma aflição pessoal, essa também é uma falha operante dentro da consciência humana em escala global! Daí o estado um tanto caótico das questões humanas no mundo de hoje!

"Ver" é algo que tendemos a associar apenas aos nossos olhos físicos. Mas, como o ser de consciência que somos, a fim de "vermos", a fim de termos um *insight*, usamos nosso terceiro olho, muitas vezes chamado de olho do intelecto. Ver é perceber, é tocar e sentir o que está acontecendo dentro de nossa consciência, ou seja, dentro de nós mesmos. Tudo o que você pode ver é o que cria dentro de sua consciência, dentro de seu "eu". E o criador não é a criação. Sua criação – como em seus pensamentos e sentimentos, percepções e emoções – só pode ser uma representação de você, o criador, de acordo com a crença atual que tem de si mesmo, sobre quem e o que você é. E enquanto carregar qualquer "crença sobre" si mesmo, nunca poderá realmente ser você mesmo. Sempre estará tentando "ser a crença". E você não é uma crença! É por isso que a crença em si mesmo tem suas limitações e acabará por atrapalhar você de ser o seu "eu" autêntico!

Se existe tal coisa como uma "jornada espiritual", então, o resultado da prática espiritual, enquanto trilhando um caminho espiritual, é ver as muitas crenças e ilusões sutis que aprendemos a criar sobre nós mesmos.

São essas ilusões sobre QUEM é e O QUE é que estão interferindo em você conseguir ser você mesmo. É uma ilusão considerar-se algo diferente do que "você é", que é simplesmente a própria percepção. Podemos dizer que "eu sou um ser espiritual" que "eu sou uma alma" ou que "eu sou simplesmente o ser que diz "eu sou". Nenhuma dessas descrições está errada, e elas certamente são mais precisas do que acreditar que você é o que vê no espelho do banheiro. Mas, mesmo essas ideias e "conceitos" de ser o espírito, de ser a alma, ser o "eu" que diz "eu sou", têm de ir embora se quisermos ser... nós mesmos! Pois, tudo isso são ideias e conceitos, presos em palavras, e o "eu" não é uma ideia ou um conceito.

O paradoxo dessa "visão interior" é que tudo o que você pode ver (perceber) é o que você não é! Tudo o que pode ver é o que está ocorrendo dentro de si. Então, no processo de ver, você pode perceber que é o vidente. Só isso! No entanto, aí reside uma serenidade natural, uma leveza de ser, a "derradeira liberdade". Aí reside o que faz valer a pena trilhar o caminho espiritual.

Conhecendo a si mesmo

Quando existe a total percepção de que você não pode ver seu "eu", as implicações são enormes. A primeira é que você jamais poderá conhecer a si mesmo. Como aquele que conhece pode saber tornar a si mesmo alguma coisa que seja conhecida? É impossível. Um aspecto dessa "liberdade derradeira" é perceber que você não precisa. Quando falar "sobre si mesmo", perceba que geralmente está falando sobre o que sente ou pensa, o que lembra ou deseja, ou sobre quem você "acredita" que é. Tudo isso é a sua criação, mas não é você, o autêntico "eu". Você pode ver e conhecer a qualidade de sua criação, mas não pode ver ou conhecer a si mesmo. O criador não é a criação.

Como o "conhecedor", você só pode saber o que você não é. Mas é preciso um pouco de prática para reconhecer isso. É preciso prática para não ser enganado a acreditar que você se conhece. Essa prática lhe permite ver e saber que seus hábitos de crença, percepção, pensamento e ação não são "você". Todos eles mudam, mas você não!

Somente quando tudo o que é confundido com o "eu" é visto e conhecido pelo que é, ou seja, ilusão, você pode ser você! Esse também é o momento em que todos os desejos e impulsos de ver e saber alguma coisa são esvaziados de nossa consciência. O "eu" está nu e é "sentido" como nada mais do que pura percepção. Ver e saber o que você não é faz com que perceba totalmente que aquilo que está NO caminho É o caminho dessa nudez! Esse entendimento pode ocorrer com a prática consistente do processo de eliminação; p. ex., essa imagem não sou eu, esse sentimento não sou eu etc. Ele pode ocorrer como um vislumbre instantâneo e o reconhecimento de que qualquer crença sobre você mesmo não é verdadeira! Em ambas, parece que alguma forma de meditação é necessária para facilitar esse ver e saber o que não sou eu!

Alguns dizem que meditação é o cultivo da autopercepção. Isso está certo, mas para iniciantes. Por fim, o "eu" percebe que o "eu" É a própria percepção, e que o "eu" só pode estar ciente do que está "na" percepção. E o que "está na percepção" nunca é o "eu"! Está claro? Certamente que não! Se estivesse, você provavelmente estaria sentado no pico de uma montanha irradiando sua iluminação para o mundo todo. Você certamente não estaria lendo livros!

Então, qual é o propósito deste livro? Oferecer-lhe um conjunto de sinais linguísticos com recomendações, e direcionando seu olho interno para olhar isso e aquilo, lá e cá, dentro de sua consciência, dentro de si mesmo. Ao fazê-lo, começará a ver e a saber por si mesmo o que está colocando no caminho de ser você mesmo. Aí talvez você perceba que só pode TIRAR do caminho o que ESTÁ no caminho, ao ver e saber que aquilo que "parece" estar NO caminho, "na realidade" não está!

Se assim o quiser, conte-me o que você vê. Conte-me se os sinais que você encontra neste livro estão embaçados, ou parecem que o estão distanciando de ver e saber o que está NO caminho! O que está NO caminho é sempre a mesma coisa; apenas assume muitas formas. É sempre o nosso companheiro mais querido e antigo. O ego.

Parte UM
Os jogos do EGO

É isso que está NO caminho!

Sete insights sobre como PERDEMOS nosso caminho!

Insight UM

A causa de suas ilusões, ideias equivocadas e confusões

O ego não é bom nem mau, positivo nem negativo. É simplesmente um caso de identidade equivocada. Todos nós já vimos um hipnotizador convencer um grupo de pessoas que, em um estalar de dedos, todos se levantarão e agirão como determinado personagem, ou que alguém achará uma delícia comer uma cebola crua pensando que é uma maçã! O ego é o ápice na auto-hipnose. Aprendemos a nos convencer de que somos alguém que não somos, sem estarmos conscientes de que fazemos isso! Logo estaremos criando, sem saber, muitos "eus", e depois nos perguntando por que é tão difícil ser natural, "ser autêntico", ser eu mesmo. Essa é a natureza da jornada "para dentro" da confusão interior e depois "para fora" a um mundo cheio de pessoas confusas. Parece ser uma jornada que todos nós fazemos em algum grau.

Eu também era uma dessas pessoas confusas. De vez em quando ainda tenho uma recaída, permitindo que um "eu" ilusório (com frequência vários "eus") obscureça minha mente, distorça meu intelecto e infecte meu coração. Mas isso acontece com uma frequência progressivamente menor e, felizmente, a duração de cada "episódio" é também cada vez menor. Parece que a maioria de nós simplesmente não percebe que estamos sofrendo de um caso grave de "múltiplas identidades erradas"! À medida que criamos esses muitos "eus", as muitas versões de "mim", a maioria de nós parece incapaz de fazer a conexão entre os "muitos eus" e todos os nossos muitos momentos de infelicidade, que talvez seja toda uma vida de tais momentos.

O poder do ego é tão sutil, que pessoas aparentemente inteligentes não percebem que estão confusas. Os poucos que percebem, na maioria das vezes, não sabem por que o ego é a causa de sua confusão, nem como sair dela.

Felizmente, essa perda da verdadeira autopercepção é sempre temporária, simplesmente porque é ilusória. Acontece que "temporário" ainda pode significar um longo período de tempo corpóreo e, para alguns, toda uma vida! É sempre a criação de um "eu ilusório" que sabota a energia de nossa verdadeira natureza e, como veremos, a distorce em muitas formas de dor emocional.

Nesta primeira seção, vamos explorar, revelar, dissolver e esperamos que possamos "sentir o gostinho" do fim do ego, à medida que buscamos o maior prêmio de todos neste momento. Não é amor. Não é paz. Não é sequer felicidade. É a liberação do sofrimento autogerado. Tudo o mais vem depois disso. Entenda o ego e você entenderá quase tudo. Ninguém é verdadeiramente um ser livre enquanto criar um falso senso de identidade em sua consciência. Mas esse é um hábito difícil de ser abandonado. E ele também faz com que a autêntica felicidade permaneça tão rara como um trevo de quatro folhas!

Somente uma alma liberada do ego pode conhecer a paz, viver com amor e ser feliz, sem nenhum motivo específico!

Nosso companheiro de longa data

Alguns dizem que é impossível ficar livre do ego. Eles afirmam que ele faz parte e é necessário ao nosso dia a dia. Eles dizem que precisamos de um ego ao longo do dia, o que requer que dancemos por muitas identidades. Eles dizem que o ego estará conosco até o fim de nossos dias e que, portanto, poderíamos muito bem nos acostumar com ele. Mas isso pode ser apenas uma boa maneira de justificar a falta de empenho para despertar e permanecer acordado – mais ou menos como encontrar a desculpa perfeita para ficar na cama de manhã! É mais provável que seja uma maneira subconsciente de evitar ser alguém totalmente livre e depois ter de cumprir com as responsabilidades que vêm com esse nível de liberdade. Também pode ser uma forma de nos "agarrarmos" ao nosso sofrimento, nosso estresse, nossa infelicidade, que se tornaram habituais e paradoxalmente entrelaçadas em nossas zonas de conforto!

A maioria de nós já teve momentos em que nosso espírito voou alto, quando sentimos e conhecemos a liberdade espiritual mais elevada; momentos em que estávamos livres de todo medo; em que estávamos entusiasmados e curiosos; momentos em que tristeza e raiva eram impossíveis; momentos em que nos entregamos sem querer nada em troca. Esses são momentos sem ego. Nesses momentos, fomos nosso autêntico "eu" novamente. Será que podemos nos colocar em tais momentos? Podemos criar momentos assim? Podemos expandir esses momentos? Existe apenas uma resposta!

Nossa criação errônea predileta

Sempre que você se identifica com algo que não é, "cria ego". O caminho para a liberdade começa com o estar consciente o bastante para perceber como e por que você perde a "percepção de si mesmo", sua identidade, naquilo que não é, centenas de vezes por dia!

É esse sentido ilusório de si que gera certos "distúrbios" emocionais como medo, tristeza e raiva, que muitos de nós também aprendemos a acreditar que não são apenas normais, mas necessários, e até desejáveis. Esse é um pensamento equivocado, pois são essas emoções que nos cegam e nos impedem de pensar e agir alinhados com a "verdade", sendo a verdade nosso verdadeiro estado de ser. Nesse estado verdadeiro não temos identidade!

Sim, em última análise, você e eu não temos identidade. O ser de consciência que você e eu somos não tem identidade. Perceber isso, viver a partir desse estado, é ser você mesmo. No entanto, a simples "ideia" de estar sem uma identidade, de não ser identificável, não é facilmente computada em nossas mentes racionais. Depois de uma vida inteira de "criações de múltiplas identidades", em um mundo onde governos, organizações, negócios e nossa subsistência dependem de cada um de nós "assumir" muitas identidades diferentes, aprendemos a acreditar que temos de "ser alguém". Essa crença garante a permanência em um sono profundo para quem realmente somos.

Cada um de nós é um ser consciente individual e único. Podemos usar diferentes palavras para descrever o ser de consciência que somos; palavras como alma, espírito ou psique. Alguns preferem o "eu autêntico". Outros se referem ao "eu" que diz "eu sou". A alma/eu/espírito, (que é você) em seu estado original e verdadeiro de ser, não tem identidade. As identidades são criadas e mantidas apenas quando a alma/o "eu" entra e anima a forma que chamamos de "meu corpo". É ao corpo que atribuímos uma identidade e, por fim, sucedem muitas outras identidades com base nas características ou "extensões" da forma que ocupamos.

Seres radiantes

A verdadeira natureza de todo ser consciente é "irradiar" abertamente a energia de consciência, a energia do "eu". Nós irradiamos para o externo. Estamos aqui para dar a energia de nosso ser. Quando fazemos isso, de forma natural, nos sentimos conectados e em harmonia com os outros, enquanto mantendo um senso separado de identidade. Quando fazemos isso livremente, estamos contentes e em paz conosco, simplesmente porque essa é nossa natureza. Aqueles que recebem nossa energia radiante, energia imaculada, sentem o que chamamos de amor. Mas o ego, esse senso pessoal ilusório que criamos em nossa consciência, inverte tudo. Ele distorce a energia de nossa consciência e, em vez disso, geramos e irradiamos a intenção de desejo e as emoções de medo e raiva. Ficamos descontentes porque queremos algo dos outros que confirme nosso senso ilusório de nós mesmos. Desejamos algum tipo de parecer ou alguns sinais que deem força a uma definição fabricada de "nós mesmos". E quando não conseguimos, começamos a irradiar ansiedade e ressentimento.

O caos na sociedade torna-se inevitável quando essa perda pessoal da verdadeira autopercepção ocorre no "coletivo". Entre os seres humanos, todo conflito surge porque eles estão identificando seu "eu" com algo que eles não são! No entanto, isso foi o que nos ensinaram a fazer. Todas as formas e níveis de violência no mundo têm apenas esta única raiz: o ego! Daí a necessidade de regras e leis em todas as sociedades, para que se mantenha algum tipo de ordem e harmonia entre os humanos que se esqueceram de como ser... humanos!

É por isso que perceber e relembrar quem "sou eu", é de fato reconhecido como o caminho espiritual para restaurar a paz a um mundo sem paz. Os tratados de paz não funcionam. Tentar consertar os outros não funciona. Jogos políticos não funcionam. Ir à guerra pela paz nunca funcionou. É somente quando o ser se liberta do ego que é possível entender, aceitar e abraçar TODOS os outros, independentemente de quão grandes, profundos ou multifacetados sejam os egos desses "outros".

Unindo os pontos

Nas páginas seguintes, uniremos os pontos entre Ego e Emoção para vermos como um surge do outro. Veremos exatamente como e por que criamos nosso próprio sofrimento emocional. Vamos identificar as leis espirituais naturais da consciência que são permanentemente "incorporadas" ao nosso ser. Se nossos pensamentos, sentimentos e comportamentos não estiverem alinhados com essas leis inatas, usaremos mal e desperdiçaremos nossa energia. Aí, é certo que haja sofrimento pessoal, desarmonia entre as pessoas e desintegração da sociedade.

Em primeiro lugar, vem nosso velho amigo EGO. O que exatamente é o EGO e como exatamente o criamos? Por que perdemos nossa habilidade de "estarmos em" nosso verdadeiro estado de consciência? Por que criamos uma falsa identidade de milhares de formas, milhares de vezes todos os dias, e nem sequer percebemos que fazemos isso? A menos que vejamos e entendamos esse processo de "criação errônea", não seremos capazes de nos libertar de nossa prisão interior. Sempre haverá algo NO caminho. Consequentemente, pode ser que nunca venhamos a conhecer o amor verdadeiro ou a felicidade autêntica em nossa própria vida.

À medida que entramos no território da consciência, o "espaço interior" com o qual a maioria de nós não está familiarizada gostaria de recomendar que você PARE a leitura com frequência. Tire muitos momentos para olhar para dentro e prestar atenção ao que está em sua percepção, em você. Então poderá ver a realidade do que estou descrevendo para você, dentro de si mesmo, dentro de você, o ser poderoso de consciência que você é.

No final de muitos dos capítulos curtos, há um convite para realizar um breve exercício para ajudá-lo em suas contemplações e criar suas próprias percepções. Aqui vai o primeiro.

PAUSA

Pare um minuto para escrever a sua definição de EGO.
Não há resposta certa. Ainda não encontrei duas pessoas que tenham "exatamente" a mesma definição ou descrição.
Veja se consegue sentir o que é o ego e como você o cria.

Insight DOIS

O que VOCÊ é de fato?

O mais antigo dos enigmas! O que é conhecido por muitos, mas entendido por poucos? Resposta: O que é você! Em seu âmago, a maioria das pessoas sabe que elas não são aquilo que veem refletido no vidro da loja enquanto por ela passam! Aquilo é simplesmente uma forma material transitória que nasce, envelhece e morre. No fundo, todos nós sabemos – mas ainda não percebemos e lembramos plenamente – que somos a energia que anima a forma que vemos. Quando totalmente interiorizado, isso muda quase tudo!

Você é o ocupante de um país chamado "forma material". A "energia de você", no entanto, é chamada por muitos outros nomes. Consciência, alma, espírito, coração (não o coração do corpo!), o "eu" autêntico, são os mais comuns.

Como o "eu" é inteiramente não físico, você não pode provar "cientificamente" a sua existência como um ser de consciência e "coisa alguma" além disso. Mas pode provar para si mesmo, tornando-se "ciente" de que você é o ser dentro da forma. Autopercepção faz com que você saiba que não é apenas uma forma que contém algum ser misterioso! Você é o morador, o motorista, o animador da forma. Os cientistas às vezes se referem a essa entidade invisível como o "fantasma na máquina". Eles veem o corpo como uma máquina maravilhosa a ser medida, calibrada e entendida em toda a sua complexidade, nos mínimos detalhes. Mas eles não conseguem decifrar o que a traz à vida! Então, eles se referem a um "fantasma" na máquina, uma energia misteriosa, invisível e, ainda assim, vital que estimula a forma e mantém o corpo... vivo! Isso é você!

Na maioria das tradições espirituais esse "fantasma" é simplesmente entendido como a alma ou espírito – invisível, intangível e situado internamente no cérebro. Mas que não é o cérebro! A percepção disso é ajudada pela prática regular de meditação e contemplação. Essas práticas expandem a autopercepção e levam você à autorrealização. Esse é o momento AHA!, um momento de clareza, no qual você percebe que é uma energia muito maior, muito mais magnânima, muito mais sutil, muito mais poderosa do que o pequeno objeto energético físico superficial chamado corpo! Às vezes, essa percepção é chamada de "consciência de alma".

Conhecendo-se como É!

Você PODE saber que a energia do ser é bem diferente da energia da forma que você ocupa. Você PODE saber que é de outra dimensão. Seu corpo tem de estar no local onde ele está agora. Ele não pode estar em outro lugar. Mas VOCÊ pode sair desse local em um segundo. Às vezes, quando cochila, quando se ausenta, alguém percebe e diz: "Você ainda está aí?" Em uma fração de segundo, volta para o local e para a pessoa que fala com você. Naquele momento, você se conscientiza que foi a algum lugar. Você não sabe onde nem por quanto tempo esteve longe! Você entrou em outra dimensão, além da percepção de tempo e espaço. A matéria não pode fazer isso, e, assim, o corpo físico também não pode fazer isso, o que indica que VOCÊ não é uma entidade material confinada a espaço e tempo!

Em um estado de "consciência de alma", você permanece ciente de que não tem uma alma – você É a alma; que você não é o seu corpo, mas o animador do corpo! O que acontece é que, quando você tem essa percepção, não está pensando isso! E você não pode colocar o seu "pensar" nisso! É um estado elusivo de consciência, até porque passamos toda a nossa vida sob a ilusão de que somos apenas um conjunto de medidas baseadas em altura, largura e características físicas que vemos no espelho do banheiro todos os dias! É um hábito perceber-se dessa maneira.

Até agora temos vivido a partir de um estado de "consciência de corpo". Esse é o estado em que você acredita que é apenas o seu corpo. É uma "crença", com atributos semelhantes a um vírus, que se alastrou infectando a consciência de quase todos os seres humanos.

Ao compartilharmos essa única ilusão, temos como resultado dois fenômenos globais. Nós nos tornamos totalmente obcecados por tudo o que é material. "Posse e propriedade" tornam-se os imperativos da vida cotidiana, que nos levam a cocriar, coletivamente, um mundo de consumo e acúmulo contínuos. Isso cria um conflito quase contínuo, sofrimento extremo e tremenda desigualdade. É uma crença viral que nos faz viver apenas movidos por valores materiais. Mesmo quando promovemos a beleza e a grandeza de espírito em nossos escritos e conversas, provavelmente ainda "agiremos" como se o físico fosse primário, como se fôssemos apenas uma forma material. "Eu sou apenas este corpo" é, portanto, uma crença que elimina a nossa capacidade de interagirmos de modo verdadeiro, moral e ético. Ela faz com que pensemos, falemos e ajamos, na maior parte das vezes, de maneira pessoal, com intenções egoístas, a fim de sobrevivermos e prosperarmos no nível físico.

Eu sou este corpo é uma crença que gera muitas outras crenças, incluindo: é a sobrevivência do mais forte; você tem de almejar o número um; sobreviver ou morrer; você tem de ser fisicamente bonito para ser feliz e bem-sucedido. Mal percebemos que acreditar que somos apenas uma forma material, certamente resultará em uma vida de estresse, sofrimento emocional e muitas surpresas chocantes, as quais farão com que a infelicidade seja nossa companheira de percurso.

PAUSA

Reserve um momento para refletir sobre um dia comum. O que você mais pensa? Faça uma lista e coloque ao lado de cada item uma porcentagem aproximada de atenção que você dedica diariamente a cada área/item. Marque então os que são "materiais". Calcule a percentagem aproximada de quanto tempo de seu dia transcorre focado na matéria ou em pensamento relacionado a ela.

Insight TRÊS

O que acontece dentro de VOCÊ?

Você já notou o que está "acontecendo" dentro de sua consciência, dentro de SI? No mundo sempre existem eventos que parecem estar "lá fora". Mas também existem "eventos" no mundo "aqui" dentro de sua consciência. Pare um pouco para estar ciente do que está acontecendo dentro de você, e notará que TODOS os eventos, mesmo aqueles que acredita que estão acontecendo "lá fora" estão, na realidade, acontecendo dentro de VOCÊ! Notará que, de acordo com a sua percepção do mundo, você cria o mundo. De acordo com o modo como percebe as pessoas e eventos, objetos e circunstâncias, você os cria dentro do mundo interno de sua consciência.

É necessário "ver" e entender esse processo perceptivo/criativo, caso você queira parar de se deixar ser hipnotizado a um estado baseado em uma versão ilusória de... você! Por exemplo, se alguém diz que você é espanhol, você "cria" uma autoimagem/crença/conceito de si mesmo como uma pessoa espanhola. Mas isso não é verdade. É uma ilusão. Nacionalidade é apenas uma ideia. É uma ideia ilusória que você cria dentro de sua consciência sobre si mesmo. É uma identidade falsa!

Digamos que a pessoa sentada ao seu lado assistindo televisão esteja sob a ilusão de que é canadense. Ao assistir ao noticiário na televisão, você reagirá a alguns eventos de modo diferente daquela pessoa. Se um furacão tiver destruído o litoral da Espanha e você se ver como espanhol, provavelmente criará uma reação altamente emocional ao evento. Enquanto a pessoa, cujo senso de identidade está baseado em "eu sou canadense", não criará o evento, nem responderá a ele do mesmo modo! Ela está percebendo/criando os eventos; e, portanto, sua própria interpretação dos eventos, diferentemente de você. Vocês dois carregam um sentido diferente de si mesmos, que é o filtro principal através do qual você traz o mundo para dentro de você e, desse modo, cria o que está acontecendo no mundo... dentro de você!

Ao se sentar quieto e apenas observar o que está acontecendo dentro de sua consciência, começará a ver o que você faz com sua mente, dentro de sua mente e na sua mente! Você perceberá que não é sua mente. Notará que você cria sua mente e, então, usa a mente para criar sua versão de mundo e, portanto, seus pensamentos sobre o mundo, de acordo com como você se vê, de acordo com quem ou o que "acredita" ser. Existe uma boa metáfora para entender como a mente funciona e como você usa a mente, dentro de sua consciência, dentro de VOCÊ.

A mente em ação

Só muito recentemente foram desenvolvidos carros que, ao pararem nos semáforos, desligam automaticamente seu motor para economizar combustível. Então, assim que você coloca o pé no acelerador, o motor liga automaticamente. Não há necessidade de girar nenhuma chave. É como se o motor recebesse uma mensagem subliminar quando chega a hora de começar a se mover e, então, ele liga automaticamente. Da mesma forma, quando você pensa, quando cria um pensamento, surge uma onda de energia a partir de sua consciência. É uma onda – dentro de sua energia, que às vezes chamamos de vibração – que se torna um pensamento. Naquele instante, sua mente desperta, para receber essa "onda de pensamento" que surge e para dar uma forma ao pensamento. Não uma forma física, mas uma forma na energia da consciência, a sua energia. Essas "formas de pensamento" podem ser ideias, imagens, conceitos etc. Se você parasse de pensar, não teria mente. Você não precisaria de uma, uma vez que não haveria pensamentos que necessitassem receber formas!

Assim como o motor do carro desliga sozinho quando não é necessário, a mente desaparece quando não é necessária. Mas você, o ser de consciência, sempre permanece! Esta é uma das razões pela qual sua mente não é uma função de seu cérebro, ela é uma faculdade de sua consciência, de você!

Então, em essência, a mente é uma faculdade que surge dentro da consciência, dentro de você, para "pensar". Dito isso, aqui vai algo interessante. Quando você está "pensando", é como se pudesse estar plenamente consciente de que há pensamentos surgindo dentro de si. É como se houvesse você e, então, seus pensamentos. É como se pudesse assistir à sua própria criação; ou seja, pensamentos surgindo, tomando forma, aparecendo e passando por uma tela interna chamada mente. Isso poderia ser comparado a sentar-se em um cinema, ou diante da TV, assistindo a imagens passarem pela tela. A mente é sua tela, e seus pensamentos são sua pintura. O que acontece é que, no cinema, a tela, a cadeira, seu corpo e seus olhos são todos separados. Mas em sua consciência, você, sua mente e seus pensamentos são todos UM!

A interface entre você e o mundo!

Sua mente também é a interface entre você "aqui", por assim dizer, e o mundo "lá de fora". Você recebe o mundo "lá de fora" na tela de sua mente "aqui". Observe a próxima vez que sonhar acordado. Mesmo que você possa estar olhando para o mundo através dos olhos físicos de seu corpo, há algo mais em sua mente. Talvez uma antiga série de imagens tenha sido puxada dos arquivos, chamados memória, e esteja sendo revisada. Talvez uma preocupação esteja assumindo a forma de imagens mentais sombrias. Assim, enquanto seus olhos miram fora e recebem o "mundo que chega" em sua mente, você está ocupado criando e observando pensamentos e imagens inteiramente não relacionados a tudo aquilo. Às vezes, os outros percebem e perguntam: "Parece que você está pensando em outra coisa. Quer conversar sobre isso?" É aí que você percebe que se afastou, com pensamentos aleatórios e, de repente, volta o foco de sua atenção ao mundo "lá de fora". Em um instante, fica totalmente consciente das imagens e sons do mundo externo. Então, começa a criar pensamentos "aqui dentro", em sua mente, "sobre" o mundo lá de fora. É aí que você pode perceber que o mundo lá de fora está realmente "aqui dentro"!

Você não é uma imagem

Quando alguém lhe pergunta: "Quem é você, realmente?", de um modo geral, o que acontece é isso. Você traduz a pergunta "Quem é você?" para um pensamento "Quem sou eu?" Isso desencadeia uma memória em seu subconsciente, que traz um pensamento previamente criado e a resposta previamente gravada. Aí, então, você se descreve de acordo com o que pensou/disse antes. Geralmente, isso é baseado no que lhe foi dito e ensinado no passado, que é uma ideia sobre você mesmo, que você agora tem como sua "crença" sobre quem é. E você diz: "Eu sou...", seguido por um rótulo ou um conceito sobre si mesmo! Mas, na verdade, tudo o que você coloca depois do "EU SOU" não é você. É apenas uma ideia, um conceito, uma crença, um rótulo, talvez uma imagem. E VOCÊ não é uma ideia, não é um conceito, rótulo, crença ou uma imagem. Você é... você! Você "cria" ideias e imagens, gera crenças, grava e se lembra delas e as recria. Mas você é o criador, e o criador não é a criação! E, no entanto, a criação está "acontecendo" dentro do criador!

PAUSA

Pare um pouco e veja se consegue ver dentro de si, dentro de sua consciência, a dinâmica descrita acima. Sente-se em silêncio e observe-se recebendo "aqui dentro" o mundo lá de fora, e então, como você cria sua versão dele dentro de si, na tela de sua mente. Observe as crenças e preconceitos que já estão registrados dentro de si, que estão moldando sua criação do mundo lá de fora... aqui dentro, exatamente agora!

Preste atenção em ser

Uma das grandes confusões, mesmo nos chamados círculos espirituais, é que você é a sua mente. "Acreditar" que a "mente" é apenas um aspecto da função cerebral torna ainda mais difícil ver por si mesmo que, a fim de pensar, você "emerge uma faculdade chamada mente" dentro de sua consciência, dentro de si. A mente é essencialmente sua capacidade/habilidade de pensar. Mas ela não é você! Bem, ela é, mas não é!

Por que precisamos pensar? Porque não "entendemos" e, assim, acreditamos que precisamos pensar para alcançar o entendimento! Não conseguimos perceber claramente e não sabemos com clareza! Acreditamos que precisamos saber, então, usando o pensamento, nós procuramos pelo que acreditamos que precisamos saber. Por exemplo: você sabe o que é um lençol, sabe por que ele deve ser lavado e sabe como lavá-lo. Então, não cria pensamentos sobre isso ou como ele fica limpo. Você simplesmente faz isso. Você o limpa. Mas será que você sabe quem é e por que está aqui? Você entende como a vida funciona e como viver com os outros? A maioria de nós não sabe e, portanto, não entendemos quem somos ou como a vida funciona. Assim, em vez de nos sentarmos quietos para "ver e perceber" quem somos e como a vida funciona, nós simplesmente "pensamos" sobre ela.

Nós tentamos "pensar" em um modo de ver, conhecer e entender. Mas, não é pensando que se consegue saber ou entender algo. E nós não sabemos disso, então ficamos frustrados, perplexos, perdidos. Aí, pensamos um pouco mais! Andamos em círculos e acabamos cansados e estressados. Vamos mansamente nos rendendo aos pensamentos de outras pessoas, às descrições, percepções e conclusões de outras pessoas. Absorvemos as crenças de outras pessoas, as recriamos e as reivindicamos como nossas, e depois nos convencemos de que sabemos! Mas nós não sabemos. Apenas acreditamos que sabemos. Quando você realmente "sabe", não precisa acreditar, e o pensar torna-se irrelevante, redundante. Como você sabe? Você não sabe, até que "veja" e perceba isso por si mesmo!

Insight QUATRO

O que é exatamente o EGO e como o criamos... precisamente?

O ego tem várias definições e descrições. Ele é um entendimento falso de si mesmo. É um senso de identidade, que não representa a verdade. É uma identidade criada dentro e pela energia espiritual, que às vezes é chamada de self/eu/alma/espírito, quando nos identificamos com algo que não somos. O ego é, emprestando uma frase da New Scotland Yard, simplesmente um "caso de identidade equivocada". Ou, em uma única palavra, é simplesmente um "engano"! Aqui está uma descrição um pouco mais longa que também contém o mecanismo pelo qual criamos um ego.

EGO é o apego e a identificação com uma imagem/ideia/conceito/crença em sua mente.

Aprendemos a acreditar que somos uma "ideia" sobre o "eu" que criamos em nossa mente. Mas nós não percebemos que é apenas uma ideia e que eu não sou uma ideia! Nós nos identificamos com nossos próprios pensamentos, nossa própria criação. Às vezes, uso o termo "imagem errada" acima, para aqueles que estão começando a se interessar pelo território interior da consciência! Muitos, portanto, me perguntam (mas geralmente não são os iniciantes), "Mas então, qual é a imagem/ideia "certa" a qual nos apegar e identificar"? A resposta é imagem alguma ou ideia alguma! O "eu" não é uma imagem. Você não tem imagem.

Mas isso não é tão fácil de ver! Nossa vida toda é um condicionamento hipnótico no qual aprendemos a nos associar e a nos identificar com uma imagem, ideia ou conceito que criamos em nossa mente. A maioria de nós aprenderá a ser altamente "consciente da imagem".

Então, para impressionarmos outros, projetamos essa imagem ao mundo, muitas vezes expressa na forma de uma crença sobre o nosso "eu". Às vezes chamamos isso de autoconfiança! Mas normalmente não percebemos, até que seja tarde demais, que esse é o caminho para muito estresse, tensão, luta e infelicidade. Por quê? Porque a) o "eu" não é uma crença e b) se há autoconfiança, deve haver falta de autoconfiança. Então, nós buscamos a afirmação e aprovação de nossa autoconfiança/autoimagem (e nos tornamos dependentes disso) para evitar o sofrimento da dúvida pessoal!

De volta ao filme

Vamos voltar à metáfora do cinema por um momento. Você está sentado assistindo ao filme. No início do filme você está plenamente ciente de que está sentado assistindo ao filme. Está ciente de que lá em cima, na tela, a história está se desenrolando em coloridas luzes piscantes. Mas você não está tão consciente de que a história, de fato, está aparecendo na tela de sua mente. É isso o que você está olhando com seu olho interior.

Depois de alguns momentos você perde a percepção de si mesmo, de seu corpo, do assento, do auditório e da tela. De repente, é como se "você" estivesse lá no filme. Mas, na realidade, "você" apenas entrou nas imagens, na história, em sua própria "mente". Quando o herói chora, você chora, quando o herói está com medo, você fica com medo, quando o herói está com raiva, você também se aborrece. Na realidade, o filme não está lá fora. Você o traz para dentro de si e "desempenha" a sua versão do filme NA tela da sua mente. Então VOCÊ entra no filme, dentro da história que está se desenrolando EM sua mente. Você perde seu EU na história que está criando em sua mente. De repente, por alguns instantes está adotando a identidade do personagem herói, depois a identidade da amante do herói, e do vilão etc.

Como sabe que está perdendo o seu "eu" naquilo que está "na" sua mente? Você fica emotivo! Você gera emoções como resultado de sua identificação com algumas das palavras e ações do personagem do filme. Você fica emocionado quando acontece alguma coisa ao personagem com o qual você mais se identifica. Você sente aquelas emoções, geralmente como tristeza ou medo, talvez frustração ou raiva. Você acredita que está sendo tocado pelo filme. Você pode até dizer: "Eu fiquei tão comovido"! Mas o filme não o comoveu; você comoveu a si próprio! Em sua mente, você entrou na sua versão da história, depois do personagem, e identificou-se com ele. Aí, quando ocorreu alguma coisa com o personagem, você criou sua própria versão do que aconteceu (em sua mente), como se estivesse acontecendo consigo. E, então, você... se emocionou!

Agora, em câmera lenta

Vamos ver como isso funciona no dia a dia do trabalho e do lar. Alguém vem visitá-lo. Essa pessoa derrama café no seu tapete branco novo, que estava impecável e perfeito. Você fica com raiva. "Cuidado!", você grita com raiva! Naquele momento você está em um estado de prazer ou dor? Dor, claro. Mais precisamente, você está sofrendo. Quem causou o seu sofrimento? Não foi a visita nem o café. Nem sequer a gravidade! Você causou. Por quê? Porque, por alguns momentos, você era um tapete! É por isso que tomou aquilo de modo tão pessoal.

Então, vamos relaxar um pouco enquanto exploramos a mecânica do processo. Você é você, o ser de consciência. Você tem uma mente dentro de seu ser. Em sua mente, você cria o pensamento, ideia, imagem de um belo tapete branco novo. Sempre que olha para o tapete, você coloca o tapete na sua mente e, aí, VOCÊ entra em sua mente, depois entra na imagem do tapete em sua mente. Isso é chamado de "apego". É aqui que o apego acontece. Seja ao que for que "você" se apegue em sua mente, você também se identificará com aquilo. Mas, isso é muito sutil e acontece tão rápido, que não se dá conta de que é isso o que você está fazendo dentro da energia de consciência que é você. Você não pensa conscientemente "Eu sou um tapete", mas o hábito de se perder em uma imagem mental é quase a mesma coisa. Você perde o seu senso de identidade naquilo que está "na" sua mente. Exatamente como se perde nos personagens de um filme... em sua mente!

Assim, quando algo acontece ao tapete, parece que aquilo está acontecendo com você. Então, você cria um distúrbio emocional em sua consciência chamado raiva. Claro, raiva é sofrimento. Se você quer ser livre de raiva, livre de medo, livre de dor, precisará ter um relacionamento de não apego com o tapete!

Se você "não estiver apegado", quando o café cair, não ficará zangado nem aborrecido de forma alguma. Você não sofrerá. Naquele momento, está liberado do apego ao tapete e à identificação com ele! Está liberado de cometer o erro de perder seu senso de identidade na imagem do tapete; não está mais se identificando com um tapete. Então, da próxima vez que uma visita, mais café, mais gravidade esparramarem uma mancha no seu tapete, responda com calma e indiferente. "Sem problema", você diz. "Melhor limparmos o tapete antes que a mancha seque", enquanto vai calmamente para a cozinha pegar o pano de limpeza... ou algo assim!

Como se importar mais

Seja um tapete, uma posição, uma crença ou outra pessoa a quem você está apegado, o mecanismo e erro são exatamente os mesmos, nos quais você se perde no que está em sua mente! Nesse ponto, a maioria das pessoas fica um tanto incomodada e diz: "Mas para isso precisa ser verdadeiramente livre, você precisa ser desapegado de tudo e de todos! E isso não é igual a não se importar com nada?" Sim, para a primeira parte. Para ser um espírito verdadeiramente livre, não deve haver apego a nada nem a absolutamente ninguém. É por isso que espíritos verdadeiramente livres são espécies extremamente raras!

Não para a segunda parte. Desapego ou não apego não significa que você não se importa. Nem é uma forma de se afastar. É o oposto. Não apego significa que você é "internamente livre", e, portanto, disponível e capaz de ser mais atencioso. Você não está ocupado perdendo-se em uma imagem mental e mentalmente defendendo seu apego contra qualquer ameaça "imaginária" Você não está mais ocupado com suas emoções de frustração quando alguém não age da maneira que você quer, de acordo com a imagem/ideia que você criou deles em sua mente. Você será, naturalmente, mais flexível, mais disponível para os outros e, portanto, mais atencioso. Isso significa que a energia que você é capaz de dar aos outros é mais calma, clara e provavelmente mais adequada. Não vai "reagir" emocionalmente, fazendo com que você próprio sofra. Será capaz de "responder" com mais criatividade e compaixão às necessidades dos outros.

Um dia perfeito

Todos nós temos a tendência de sermos um pouquinho como um *jumping Jack Flash* enquanto nos perdemos em mil coisas/imagens que criamos na tela de nossas mentes. Observe-se durante um dia normal ou uma conversa normal. Quando você começa a "reagir emocionalmente" a qualquer coisa ou a alguém, verá que está apegado a uma imagem de algo ou alguém que está em sua mente. Quando se queixa do tempo, está apegado a uma imagem do que "deveria ser" um dia perfeito. Quando se preocupa em perder algo, é sempre porque está apegado à "imagem" em sua mente do objeto que teme perder. Quando se preocupa em perder alguém, é porque está apegado a uma imagem mental de aquela pessoa estar lá com você e para você. Está dependente dela para se sentir bem. Desapego não significa que você não veja ninguém, que não se divirtam juntos, façam coisas juntos, talvez até morem juntos! Significa apenas que você não está mais dependente de ninguém em relação ao que pensa e sente.

Desapego ou não apego significa liberdade. Qualquer tipo de apego significa que você está preso à imagem do objeto de apego em sua própria mente. É impossível ser feliz e contente, amoroso e alegre, a menos que seja livre internamente. Daí a longa linhagem de sábios e santos, místicos e gurus que expuseram sobre o grande erro do apego, e a necessidade de cultivar uma relação de não apego com... tudo!

Neste ponto, você pode ser tentado a atribuir a sugestão de não apego a uma filosofia espiritual ou religiosa particular. Tente não fazer isso, mas veja se isso é verdadeiro para você. Verdadeiro em sua própria experiência.

A ilusão dos dois trens

Aqui está outra maneira de ver isso. Você já teve a experiência de estar dentro de um trem na estação com outro trem parado ao lado do seu? Por fim, o seu trem começa a se mover e você tem a impressão de que sua jornada começou. Depois de alguns segundos, ouve o anúncio de que seu trem partirá em poucos minutos. De repente, percebe que seu trem ainda está parado na estação, e é o outro trem que está se movendo.

Então, aqui está você, dentro de sua consciência, olhando para o que está em sua mente. Há uma história passando por sua mente, e você acredita que "você" está se movendo com a história. Bem, você não está. Isso é uma ilusão, assim como a ilusão do trem. Você está parado. São as imagens em sua mente que estão se movendo, o que também significa mudança, assim como no cinema seu corpo está parado, mas é o projetor e as imagens na tela que estão se movendo e mudando. Enquanto você passa o filme em sua mente, é afetado pela história, porque acredita que está se movendo com ela. Mas, na realidade, não está. É uma ilusão. Às vezes parece uma ilusão agradável, mas ainda é uma ilusão.

A verdade é que você está sempre parado. Sempre em seu assento macio e confortável dentro de... VOCÊ. Mas você cai na ilusão de que está se movendo em uma história, que você está agindo nela e contribuindo para com ela; que você está mudando na história. Ela está se movendo, mas você não está. Enquanto permanecer na ilusão de que está se movendo, haverá apego a algo na história, e surgirá o ego ao se identificar com o objeto do apego. Então, sua contribuição para com a história será distorcida pelo apego e ego que, como veremos, não será uma contribuição amorosa e pacífica, mas assustadora e furiosa.

É por isso que a prática da meditação, enquanto cultivadora da autopercepção, é essencialmente um exercício para perceber sua quietude. Paradoxalmente, pelo menos para a mente racional, sua contribuição para a vida será algo de grande beleza quando estiver livre da ilusão de que você muda, e souber que é o ser quieto e imutável. Você é quietude. É por isso que ainda é sempre "você mesmo"... por assim dizer! Na verdade, é impossível ser outra coisa que não você mesmo. Isso significa que você nunca muda. Isso significa que você pode mudar de identidade, assim como o corpo muda de roupa. Mas o "eu", você, o ser de consciência que sempre é, nunca muda. Você apenas fica sob o feitiço, sob a ilusão de que muda.

PAUSA

Contemple imagens e símbolos de quietude. Não se perca neles, mas contemple-os, use-os para ter uma ideia, um sentimento interior de como é estar quieto. Use imagens e ideias da natureza. Então deixe-se ser sem imagem e veja se pode simplesmente estar quieto. Tente não "fazer" isso acontecer, mas "deixe" que você mesmo esteja quieto... fique quieto... fique quieto... fique qu...

Insight CINCO

Como saber se você está em um estado de EGO?

Todo estresse, sofrimento ou tristeza, qualquer forma de infelicidade, significa que existe a presença do ego. Você não está livre. Livre talvez para andar pelo mundo, mas não livre em seu ser. Você está apegando a si mesmo a uma imagem ou uma ideia de alguma "coisa" em sua mente e identificando-se com aquilo. Você está cometendo um erro. Não há "nada" nem "ninguém" no mundo "lá fora", ou no mundo "aqui dentro", que seja você! Tudo o que lhe foi dito sobre você (crença), sobre quem é, não é você! Não há nada material, incluindo os sons das palavras físicas, ou os significados conceituais mais profundos dessas palavras, que possam definir a realidade de seu ser.

Mas estamos enfeitiçados pelo mundo, pelos glamores do mundo, pelas projeções da mídia, por todas as suas influências materiais, a fim de acreditarmos que podemos ser, deveríamos ser, temos de ser, seremos, não apenas mais um no mundo, mas "alguém" no mundo. Mas, na verdade, somos apenas "alguém" que está no mundo material.

A plena realização disso é a iluminação final, a liberdade final e a conclusão da única jornada "verdadeira" que fazemos, a jornada para dentro e para fora do esquecimento.

Isso pode parecer seco e chato na teoria. Mas, a realidade desse "estado de consciência" livre, não é. Nesse estado de percepção de "estar livre", você desfruta plenamente estar neste mundo físico. Você conhece a "alegria de estar" no mundo. Mas essa alegria é sua, essa alegria é você! Ela está surgindo de dentro, enquanto você celebra o fato de simplesmente estar aqui. Não é uma alegria originada ou estimulada por qualquer coisa no mundo, por isso ela não depende de nada no mundo.

É uma alegria natural, que só pode surgir quando você não está apegado ou identificado com qualquer coisa ou alguém no mundo. Assim que você se apega a algo ou a alguém, o sofrimento, na forma de falta de alegria, é garantido. Existem muitos "excitamentos" que seguem estímulos mundanos. Eles são confundidos com alegria, mas não são uma alegria verdadeira, apenas ânimo temporário. Mas, infelizmente estar excitado é algo que vicia! Como a heroína é para o corpo e o cérebro, o excitamento é para a alma/eu!

Construindo na areia

O vírus do ego é um vírus que todos herdamos. É a inclinação para construir um senso de identidade baseado em algo ou alguém no mundo. Mas isso é como construir um arranha-céu na areia. Haverá um inevitável colapso. No contexto do ser consciente que eu/você/nós somos, "colapso" é um código para estresse e infelicidade, insegurança e ressentimento. É por isso que quase todos, em certa medida, estão estressados e infelizes. Todos pegam o vírus do "Eu sou apenas um corpo" ou "Eu sou alguém"! Enquanto você se confundir com algo que não é, deve haver uma insatisfação subjacente na melhor das hipóteses, extrema infelicidade na pior das hipóteses.

Mesmo quando aprendemos a ser corajosos e sorrirmos o dia todo, haverá muitos momentos de miséria por detrás de nossa máscara. A menos que tenhamos parado de tentar construir na areia! Será que, de alguma forma, você está continuamente tentando construir um senso de identidade a partir de ideias, imagens e crenças, e querendo que essa identidade seja reconhecida e celebrada por outras pessoas? De algum modo, você procura afirmação dos outros? Sempre está tentando encontrar sua alegria no mundo e a partir do mundo? É impossível. O sofrimento que segue o inevitável fracasso, e a desilusão que ele cria, resulta em um sentimento crescente de desesperança e vulnerabilidade. E por fim depressão!

Então, tentamos mascarar esses sentimentos crescentes, abafá-los, usando alguma forma de estímulo com a qual nos "animar". Do chocolate ao *bungee jumping*, da televisão a observar as celebridades, das compras à bebida – essas e outras mil maneiras são usadas/consumidas/desfrutadas a fim de evitar lidar com os produtos do ego, que são as várias formas de sofrimento emocional às quais frequentemente chamamos de estresse.

O choque dos egos

A resultante infelicidade "interna" encontra muitas "expressões" no contexto de nossos relacionamentos, como criticar, discutir, brigar e matar. Ligue as notícias e, na maior parte do tempo, verá egos lutando contra egos, seja verbal, política ou militarmente, e de várias outras maneiras.

São apenas pessoas que acreditam ser alguém diferente de quem são, tentando impor aos outros as ilusões que têm sobre si mesmas, para que essas ilusões recebam a afirmação do outros! Elas estão tentando ser alguém e ser reconhecidas pelos outros como alguém significativo! Essa é uma doença popular da consciência, com frequência citada como LGS, *i. e.*, *Looking good* Síndrome. Mas não sabemos o que fazemos, ou seja, não entendemos como estamos sendo levados por nosso próprio senso errôneo de identidade. Ao vermos como, local e globalmente, o mundo é governado pelo ego, como ele está funcionando com base no ego, o destino de nosso mundo – das espécies que chamamos de seres humanos no mundo – torna-se bastante óbvio. O caos aguarda. Do outro lado do caos pode haver ordem. Mas, no meio existe a cura, que é confusa!

À medida que você se tornar mais consciente, começará a perceber quais de seus comportamentos são sinais de que você está dormindo e que seu senso de si mesmo, sua identidade, está perdido em algo que você não é! Aqui estão alguns dos sinais comportamentais mais comuns da presença do ego:

ARGUMENTAR: significa que você está apegado e identificado com uma crença ou crenças, que geralmente inclui a crença de que "eu estou certo e você está errado". Tão logo perceba que você não é suas crenças, começará a se libertar da fonte de sofrimento implícita na argumentação. Às vezes chamamos isso de "deixa pra lá".

GRITAR: é um sinal de que você está apegado e identificado com uma imagem do que o outro deveria ter feito, mas não fez, ou uma imagem do que eles não deveriam ter feito, mas fizeram! Gritar tem um operador emocional chamado raiva, e a raiva está sofrendo. Pare de criar e se identificar com uma imagem/ideia do comportamento de outra pessoa e essa fonte de sofrimento é curada. Às vezes chamamos isso de "deixa estar"!

FUGIR: é geralmente um sinal de que você está apegado a uma ideia ou imagem de si mesmo que não é contestado e não é revelado! Você está se escondendo! Está escondendo algo e apegado à ideia de dissimulação. Assim que você para, abre-se e é transparente, aquela fonte de sofrimento chega ao fim. Às vezes chamamos isso de "deixe-se ser visto"!

INVEJAR: é um sinal de que está apegado a uma imagem de si mesmo possuindo e sendo o dono de algo que outra pessoa tem. Isso pode variar de uma posse material a uma posição, de uma reputação a um estilo de vida. Você ainda não percebeu que não é imagem de coisa alguma, especialmente a imagem de um estilo de vida ideal. Você é você! Quando se liberta para ser quem você realmente é, que não é ninguém possuindo nada, irá acabar com o sofrimento que é a inveja. Às vezes chamamos isso de "deixa pra lá e me deixa... ser eu"!

MANIPULAR: é uma forma de tentativa de controle, é um sinal de que está apegado e identificado com uma imagem de alguém sendo ou fazendo exatamente o que VOCÊ quer. Assim que você aceita os outros como eles são, e do modo que são, o sofrimento – que é a frustração em relação aos outros – termina. Às vezes chamamos isso de "dar permissão"!

DEFENDER: é geralmente um sinal de que está apegado e identificado com a imagem ou a ideia de "minha posição" ou "minha posse", com ênfase em "meu". Quando percebe uma ameaça à posição ou posse, você a vê como uma ameaça a si mesmo. No momento em que percebe que você não é sua posição ou sua posse, para de ver ameaças, para de imaginar perda futura, e tem fim o sofrimento conhecido como medo. Você não é uma posição ou uma posse. Você é só você! Às vezes chamamos isso de "deixar que algo venha e vá embora".

CRITICAR: é um ataque à criação do outro. Pode ser que a ideia ou o comportamento deles esteja desencadeando seu hábito de desaprovação. Isso apenas quer dizer que você está apegado à sua ideia, ao seu modo, aos seus ideais. Ou você quer impedi-los de progredir, porque está apegado a uma imagem sua, sendo o pioneiro no relacionamento. É quando vê a criação deles como uma ameaça a você. Aí, fica com medo e luta; aclama sua superioridade e ataca com críticas para garantir a inferioridade deles. O tempo todo você é a personificação de infelicidade, sem perceber que é o criador de sua miséria. Será que você pode mudar isso? Ao abraçar, encorajar e empoderar as ideias e os modos dos outros, você perceberá instantaneamente que está empoderando a si mesmo. Perceberá que criatividade verdadeira é quando você dá a sua energia para os outros de forma a empoderá-los. Ser sem ego parece então não apenas possível, mas provavelmente a única maneira de ser genuíno e construir relacionamentos sólidos. Às vezes chamamos isso de "estimular e nutrir".

O que é perder?

Obviamente, existem muitos comportamentos diferentes que surgem do ego, por detrás dos quais há sempre um apego a uma imagem mental. Entre o apego/identificação errônea e o comportamento resultante, está a emoção. A emoção mais comum é o medo, que sempre é o "medo da perda". Sempre o medo de perder algo ao qual você está apegado, no qual você prendeu seu próprio senso de identidade. É por isso que a perda é pessoal, e porque o medo é tão difuso no mundo hoje!

O medo de perder aquilo ao qual você se identifica é realmente o medo de perder sua identidade, que é o medo de perder a si próprio, que é o medo de perder a vida, que é o medo da morte! No entanto, o grande e importante paradoxo é que você já perdeu sua identidade, frequentemente, em alguma ideia ou imagem em sua própria mente. Na verdade, a maioria das pessoas passa a maior parte de seus dias e, de fato, a vida, perdendo sua identidade à medida que se perdem em muitas imagens e ideias em suas próprias mentes a cada minuto de cada dia.

Nós crescemos pensando que isso é normal, acreditando que é assim que a vida deve ser. É por isso que a própria vida pode parecer uma longa experiência de "quase morte"! Toda vez que você se apega e se identifica com o que não é, em sua própria mente, é como se estivesse tentando matar a si mesmo! Mas não está ciente disso. Na realidade, todos nós passamos a acreditar quase no oposto, ou seja, que a vida envolve agarrar, apegar e construir nosso senso de identidade em torno do que acreditamos ter ou que teremos! É por isso que, se você contemplar e ver por si mesmo com que frequência se identifica erroneamente com algo você não é, acabará percebendo que vida é morte e morte é vida. Muitas vezes isso é chamado de "morrer vivo". Quando você solta qualquer apego, qualquer coisa que esteja usando para criar uma identidade falsa, parece que está morrendo; no entanto, se sentirá como se tivesse acabado de começar a viver... de verdade!

Imaginar-se "deixando pra lá" invoca um medo de perder o objeto de apego ao qual você ficou dependente. Imaginamos que vai parecer um tipo de morte. Mas na realidade, quando o que tem de ser abandonado acaba, e qualquer desejo residual fica para trás, existe uma nova liberdade. O "deixar pra lá" é então visto e sentido mais como uma liberação, que por sua vez traz de volta uma autêntica felicidade interior.

PAUSA

Reserve cinco minutos à noite e anote tudo o que percebeu em termos de comportamento durante o dia, que indica que você está sendo levado pelo ego. Por detrás de cada comportamento, você está mentalmente apegado ao quê? Pare um pouco para imaginar como seria "deixar pra lá" e que comportamento, então, emergiria naquela situação.

Você já criou uma ilusão sobre si mesmo e depois tentou convencer os outros de que aquilo era real só para conquistar o aplauso, aprovação ou aceitação? Quando foi a última vez? Como queria que os outros o vissem? Como se sentiu quando isso realmente aconteceu ou quando não aconteceu?

Essa é a grande armadilha na qual todos nós tendemos a cair enquanto prosseguimos na vida. Uma vez estando na armadilha, lutamos com aquilo que passou a ser conhecido como enormes questões de autoestima e autoconfiança. Tão grande, que elas agora têm sua própria indústria! Nós não percebemos que estamos tentando encontrar o nosso valor em um lugar no qual ele nunca pode existir, nas palavras e comportamentos dos outros. O ator tenta encontrá-lo em seu público, o cantor tenta encontrar em suas vendas de discos, o político tenta encontrá-lo nos votos, todos nós, em algum momento, tentaremos encontrá-lo em nossa família, chefe ou colegas de trabalho. Mas ele simplesmente não está "lá". Está sempre "aqui" dentro de nós mesmos. A questão é que, para conhecê-lo, precisamos parar de procurar por ele!

Insight SEIS

Onde tudo começa e onde tudo termina?

Tudo começa com o nosso corpo físico. Ele é o primeiro apego e a primeira coisa com a qual nos identificamos erroneamente. Aprendemos a acreditar que somos o nosso corpo. Nós olhamos em um espelho e vemos uma imagem de nosso corpo. Colocamos essa imagem em nossa mente, memorizamos, construímos e embasamos nosso senso de identidade ao redor dela. Dependendo da natureza e extensão de nosso condicionamento, que dependerá de vários fatores, como país e cultura, podemos passar o resto de nossa vida preocupados com nossa "imagem corporal". A maioria de nós se tornará "consciente da aparência", que muitas vezes é erroneamente chamado de ser autoconsciente. Mas, na verdade, não é "auto" consciente, é "corpo" consciente. Alguns gastarão grandes quantias de dinheiro beliscando, espremendo, apertando, escondendo, emagrecendo, enfeitando, fortificando, raspando, esfoliando e fazendo quase de tudo ao corpo, a fim de tornar mais bonito o que acreditam erroneamente ser o seu "eu"!

Para outros, sua identidade e, portanto, seu ego terá mais a ver com sua reputação individual aos olhos dos outros no mundo, ou mais sobre realizações reconhecidas pelo mundo, ou apenas a quantidade e tamanho de suas aquisições do mundo. Todas essas identificações errôneas são sustentadas pelo desejo de ser visto como "alguém" aos olhos dos outros!

Torna-se óbvio que, se quisermos ser livres, se quisermos ser novamente nós mesmos, se quisermos nos libertar do hábito do apego e da identificação errônea, se quisermos parar de criar nossa própria infelicidade, deveríamos parar de tentar ser o que não somos! Seria mais fácil se pudéssemos ser quem realmente somos: Que, em essência, é ninguém! No entanto, considerar-se "ninguém" pode parecer um pouco estranho, na melhor das hipóteses, e totalmente alienígena, na pior delas. Por isso, vamos usar outra palavra para descrever o ser que somos. Espírito, alma, consciência, eu autêntico, todas servem! Pelo menos até a percepção real de que "eu não sou ninguém" seja entendida como verdade!

Energia de vida

Começa com "considerar" a si mesmo desse modo, e ao meditar sobre essa "informação", enquanto contempla suas implicações, enquanto abre o olho interno e olha na direção apontada por essa percepção, aos poucos começará a lembrar e perceber por si mesmo, que você realmente é isso. Ninguém! Apenas a "energia de vida" essencial que dá forma à vida!

Certamente você começará a notar e entender por si mesmo o erro de se apegar a algo, o erro de se considerar apenas um corpo, o erro de tentar "criar" uma identidade no mundo e, em cima disso, construir a crença em si mesmo. Isso não quer dizer que você ande pelo mundo como um zumbi, dizendo. "É verdade... Eu não sou ninguém!", pois os profissionais de saúde mental podem ir atrás de você! Isso não quer dizer que você simplesmente fique sentado e largado na vida, sem esperança. Isso é sinal de depressão, e não de liberação.

Todos adormecidos!

Uma vez que você entenda que o hábito mais profundo, dentro da consciência de praticamente todos ao seu redor, é o de criar uma identidade falsa, isso muda quase tudo. Você percebe que todos os demais também estão dormindo! Uma vez que você percebe que o sofrimento/estresse de todos é autogerado simplesmente por causa do ego, isso muda sua atitude com relação a todos. Uma nova compreensão e uma genuína compaixão despertam em você. Isso molda uma nova atitude em relação ao mundo e o empodera a ser uma presença ativa para outros. Seu entendimento de sua essência espiritual e sua liberação do hábito de criar um ego tornam-se um exemplo e uma presença iluminadora para aqueles que ainda estão no escuro.

Linguagem dos rótulos

Entender o seu "eu" autêntico traz consigo uma percepção de que a própria vida é "o jogo" e o jogo da vida o convida a jogar! O simples fato de estar aqui já significa que você aceitou o convite. Então, ao descobrir isso, você desenvolve maneiras de "jogar" divertidamente o jogo da vida. Você ainda paga suas contas, dirige seu carro e vai trabalhar, mas com uma perspectiva e atitude completamente diferentes. Você fala o idioma internacional dos rótulos, porque essa é a linguagem que todos os outros estão falando em seu estado de sono. Pode até parecer que você ainda está dormindo, ainda tão inconsciente quanto todos os outros. Mas, na realidade de sua consciência, está desperto e consciente de si mesmo como um ser livre, apegado a ninguém e a coisa alguma! Você não fala nem age mais para sustentar um falso "eu", não busca mais a aprovação dos outros sobre como eles o veem, não defende mais um ego. Na verdade, você não precisa defender mais nada!

Agora, você é capaz de ser o seu verdadeiro "eu", que não quer nada dos outros e ainda está disponível para eles. Agora, está seguro em si mesmo, porque se conhece como realmente é. Enquanto "vivendo a partir" dessa realidade interior, você é calmo e cuidadoso, amoroso e alegre, contente e compassivo, porque esse é o estado natural de ser seu verdadeiro "eu", que não é ninguém!

À medida que você vive, respira, fala e anda a partir deste senso verdadeiro de si mesmo, ele será notado pelos outros. Talvez isso possa despertar certa curiosidade. Quando isso acontece, você é capaz de reconhecer essa curiosidade como uma oportunidade de compartilhar o que entendeu. E assim, quando uma vela acende outra, quando uma chama passa seu fogo a outra, pode haver uma faísca de iluminação de "eu também sou ninguém" em outra pessoa. Mas geralmente isso acontece quando você menos pensa!

Esse processo de redespertar, caso seja um entendimento pessoal, não acontece de uma só vez. Ele tende a ser gradual. Pode parecer como três passos para frente e dois passos para trás, já que as velhas identidades falsas, que você achava que tinham acabado para sempre, são regularmente reenergizadas, até que o hábito tenha acabado. Às vezes, simplesmente ler sobre isso nesse contexto pode fazer com que o processo, a jornada, "pareça" longa, trabalhosa e difícil. Então, paciência é o seu mantra e perseverança é a sua palavra de ordem!

Pratique pacientemente, mas persistentemente

Mas você pode começar com pequenas coisas. Experimente o desapego às coisas menos significativas de sua vida. Faça experimentos com o deixar pra lá, soltar! Isso acontecerá naturalmente dentro de você, ao praticar e desenvolver a capacidade de se afastar do que está em sua mente e reconhecer onde você está, onde está sua mente e o que está em sua mente. Quanto mais praticar isso, mais seus pensamentos – na forma dessas ideias, imagens, conceitos, que são todos diferentes tipos de memórias – começam a desacelerar, até que parem de vir à mente! Até que enfim! Então você verá que está pensando apenas o necessário, como resposta ao que está à sua frente naquela hora.

Você começará a "brilhar", como dizem, e o rosto que usava para convencer os outros de que estava bem e feliz – que antes era um pouco forçado ou um pouco temporário – começará a se tornar real e natural. Desde a nossa infância, temos nos apegado, identificado erroneamente e criado as muitas faces do ego. O hábito é profundo. Ficamos tão familiarizados com nossas várias personas, geradas pelo ego, que não desejamos abandoná-las tão facilmente, mesmo quando nossa insegurança contínua, talvez fúria frequente, depressão, todas conspirarem para nos enviar a mensagem de que está na hora de fazer esse trabalho interior.

Seu convite para uma festa à fantasia

Aqui está outra maneira de perceber o desafio e enfrentá-lo; o desafio de acordar para o fato de não ser ninguém, e permanecer assim! Vá ao teatro e assista à apresentação de um artista solo, seja ele homem ou mulher. Observe como eles podem desempenhar até seis papéis diferentes. Eles adotam seis personas ou identidades diferentes. Depois de cada uma, eles deixam aquela persona, dissolvem o ego daquele personagem e, então, criam e adotam o próximo. No final da noite, eles deixam todos para trás e vão para casa e são eles mesmos. Eles voltam a ser a persona que eram antes de interpretar todos os personagens diferentes. Se não fizerem isso, vão acabar precisando de uma terapia!

Similarmente, começamos a reconhecer as máscaras que criamos e usamos, as diferentes faces de nosso próprio ego. Percebemos que temos assumido algum tipo de interpretação para sustentá-los. Isso consome energia e é cansativo, sem mencionar o conteúdo emocional que vem com cada falsa *persona*. Você consegue largar toda a *persona*, tirar todas as máscaras e ser você mesmo? Seja simples, fique calmo, esteja atento, esteja consciente, seja livre.

A vida é como uma festa à fantasia! Todo mundo aprende a se vestir. Não de roupas, mas de imagens e ideias, conceitos e crenças sobre o seu "eu". Tire a sua fantasia. Fique nu. Não há nada mais libertador do que ser apenas... eu! Percebe?

PAUSA

Sente-se em silêncio. Feche seus olhos. Imagine que seu corpo desapareceu, mas você ainda está aqui. Agora imagine-se livre de todas as responsabilidades e obrigações. Imagine que você é livre para dizer e fazer qualquer coisa. Você não precisa de nada de ninguém; não tem de manter absolutamente nenhuma aparência.

Insight SETE

Como a vida seria em um mundo sem ego?

Muitas pessoas acreditam que a vida seria chata sem todos os dramas emocionais que o nosso ego cria para obter alguma atenção e encorajamento. Afinal de contas, todo entretenimento fabricado é simplesmente um jogo de ego, com um contexto seguro e glamorizado para nossa indulgência emocional. No entanto, como vimos, somente estando sem ego você pode ser um espírito verdadeiramente livre e pacífico. Temos momentos, geralmente quando somos jovens, em que experimentamos esse tipo de liberdade interior, e com ela vem uma alegria, uma felicidade autêntica que não tem oposto. Qualquer forma de apego mata a nossa "liberdade de espírito", uma vez que ficamos "aprisionados" nos objetos de apego ou, mais precisamente, nas imagens dos objetos de apego em nossas mentes. Não tendo ego, você não tem necessidade de tentar estabelecer um senso de quem é na mente dos outros. Você não precisa de ninguém mais para encorajá-lo, para aceitá-lo, para aprová-lo. Todos esses hábitos de carência, a ansiedade que os acompanha e os humores que surgem deles desaparecem. Desaparece o sofrimento mental e emocional que resulta de NÃO obter aprovação, aceitação e reconhecimento dos outros.

Com a prática do desapego, ou seja, ao construir relacionamentos baseados em não apego, você verá a sua natureza subliminar verdadeira começar a brilhar do coração de seu próprio ser. As diferentes formas de emoção que chamamos de medo, que devem surgir quando equivocadamente comparamos desapego à perda, não mais ocorrem.

Pois é isso que é o medo, a perda "imaginária" de algo a que estamos apegados em nossas próprias mentes. Se você puder ver AGORA que não tem nada a perder, porque nada é "meu", então o medo se torna impossível.

Um mundo sem ego pareceria, portanto, um mundo sem medos e, portanto, sem conflitos. Não haveria "nós e eles", nem meus e seus, nem fronteiras ou barreiras para nos separar. Nenhuma vontade de defender, nenhuma intolerância aos outros. Ninguém ficaria estressado por nada, nem por ninguém. Ninguém temeria a perda ou sentiria tristeza depois de qualquer tipo de perda, porque uma verdade universal teria "sido ativada" – a verdade de que, em primeiro lugar, nada e ninguém nunca foram "meus".

Uma criação mútua

Haveria uma harmonia baseada em respeito mútuo; um compartilhamento baseado em uma apreciação mútua da presença do outro; uma percepção de abundância, baseada em um reconhecimento mútuo da abundância; uma celebração da presença de cada pessoa, baseada em um entendimento mútuo de que cada um de nós é uma fonte de amor e alegria no mundo. Seria um paraíso criado em conjunto, pois cada um traria a beleza de seu espírito ao mundo, com seu modo singular.

Chato? Apenas para aqueles viciados em seus dramas emocionais; somente para aqueles que estão dependentes de alguma forma de violência, para sentir algum senso de poder em sua vida; apenas para aqueles que estão apegados a algo ou a alguém, enquanto usam a ideia daquela coisa, ou a imagem daquela pessoa, para se definirem; somente para aqueles que dependem de alguma coisa no mundo a qual erroneamente acreditam ser responsável por sua felicidade pessoal. Então, isso é praticamente todo mundo!

Há um velho ditado; "A gente só se move quando chega ao fundo do poço". O que significa que não mudamos, não mudaremos nossa forma de ser, até que "tenhamos de" mudar. Até sofrermos tão intensamente que, conscientemente, procuremos alívio para a dor emocional. Até esse ponto, toleramos nosso sofrimento, e inclusive o utilizamos como outra forma de falsa identidade. Então, quem sabe por quanto tempo vamos precisar esperar até que pessoas suficientes sofram a ponto de dizer: "Eu não consigo mais tolerar esse sofrimento, essa infelicidade, deve haver outro caminho". Até lá, provavelmente vejamos aqueles que estão sofrendo continuar a projetar seu sofrimento naqueles que já estão sofrendo! Esse é o poder da presença do ego dentro da consciência de quase todo ser humano. Enquanto isso, cada um de nós tem a mesma escolha: libertar-nos de nosso próprio sofrimento emocional, dissolvendo o ego, ou continuarmos estressados e frequentemente infelizes.

Retorno ao centro

Preste atenção ao ego em ação nos outros. Não por desejo de julgá-los ou encontrar falhas neles, mas como um exercício para elevar sua percepção sobre a presença do ego por detrás de muitos de seus próprios comportamentos. Toda vez que identificar alguém agindo ou reagindo a partir do ego, pergunte a si mesmo se diz ou faz o mesmo. Nesse caso, então, vá atrás daquilo a que está apegado internamente. Será que você consegue ver mentalmente a ideia ou imagem na qual se perdeu? Com o tempo, começará a notar a imagem mental a qual está apegado e como a usa para criar um falso senso pessoal. Gradualmente, começará a retrair a sua energia das imagens mentais e retornará ao centro de... você mesmo! À medida que faz isso, todas as identidades habituais falsas começarão a morrer de causas naturais! Sua paz interior retornará. Metaforicamente falando, você ouvirá o rangido dos portões enferrujados de seu verdadeiro coração, enquanto reabrem após muito tempo. Assim, quando estiver nu, despojado de todas as ideias ilusórias sobre si mesmo, quando souber que não é "ninguém", você terá o sorriso de iluminação ao perceber o verdadeiro significado daquele velho ditado... "O paraíso está dentro".

Parte DOIS

O EGO em ação

Como o ego rege o mundo!

Após chegarmos a esta vida, não demora muito para sermos encorajados a começar a pensar: "O que vou fazer com a minha vida?" Isso logo se torna "O que vou fazer 'na vida'?" Antes de saber, muitos de nós começaremos a gerar ambições e visualizar realizações futuras. Possíveis vocações são examinadas, destinos profissionais são discutidos e, geralmente, surgem as aspirações para seguir os passos de outra pessoa! Para alguns, geralmente os "criativos", os méritos do estilo de vida independente são percebidos como a única maneira de "fazer a vida". Para a maioria, com sua decisão tomada, é partir para o ensino superior e para o mundo do trabalho e uma carreira que seja aplaudida pela família e amigos.

Durante todo o processo, seja qual for a direção que isso tome, o que não percebemos é a corrupção silenciosa de nossa consciência. Não percebemos que, ao buscarmos uma carreira estável e produtiva ou um caminho vocacional, também estamos buscando uma identidade futura. Talvez o erro mais comum que todos aprendemos a cometer é nos identificar com o que fazemos. Ao acreditar que você é sua posição ou sua profissão, ou mesmo o seu negócio, está criando uma crença de que você é o que faz. Mas isso não é verdade. O que você faz não é o que você é. No entanto, ficamos ansiosos para contar aos outros sobre o que fazemos, acreditando que eles verão isso como... "eu"!

Em uma festa, respondemos com orgulho à pergunta "O que você faz?", seja em palavras ou em nosso cartão de visitas. Sem perceber que, naquele momento, nossa autodefinição é ou será uma grande fonte de medo, a qual passaremos a conhecer como insegurança. Esse é o problema com qualquer identidade falsa. Ela é sempre baseada em algo que não é seguro, não é fixo, não é imutável, não é inatacável.

Se você fundamentar seu senso de identidade naquilo que faz, isso gerará as formas mais comuns de medo: insegurança e ansiedade. Esse é um fato que você pode testar e verificar por si mesmo. Esse medo então interferirá em tudo na vida, desde o modo como você trabalha, as decisões que toma, até os relacionamentos que constrói ou, conforme o caso, não constrói. É por isso que o erro de nos identificar com o que fazemos e, a insegurança resultante, pode muito bem reger toda a nossa vida. Isso acontece com alguns, como aqueles que são casados com sua escrivaninha, telefone ou oficina. É esse mesmo erro que rege o mundo, à medida que ele se expande na consciência de quase todos, com um "emprego". Antes de explorarmos alguns dos exatos "afazeres", ou seja, profissões e posições que mais regem nossos "seres" no mundo, vamos desfazer alguns dos efeitos em nossas vidas cotidianas. Quando você acredita ser o que faz e, portanto, quando se identifica com o que faz, isso condiciona a sua consciência, tornando-se característica de sua personalidade, expressada no modo como você vive.

Vulnerável à crítica

Ao acreditar que você é aquilo que faz, a menor crítica ao que você faz será tomada pessoalmente. Você sentirá um vazio, acreditando que perdeu seu prestígio aos olhos dos outros. É provável que isso se transforme em um ressentimento do tipo "como eles ousam dizer isso sobre mim?", e uma projeção daquela dor nos outros. Mas não era "sobre mim", era sobre o que "eu fiz"! Duas coisas diferentes!

A conquista é recompensada

A maioria das profissões e vocações necessita ser nutrida por meio do cumprimento de metas, objetivos ou níveis de qualidade. Isso garante uma vida direcionada à meta e recompensa. A capacidade de ser e viver no momento é facilmente perdida, pois a energia e o esforço estão continuamente focados em alcançar metas futuras e, assim, "preocupar-se com" o que acontecerá, e como você se sentirá se isso não acontecer. Somente a conquista é celebrada, e a capacidade de viver a própria vida como uma celebração – o que basicamente significa escolher ser feliz, todos os dias – é reduzida, se não eliminada.

A segurança é exteriorizada

Ao se identificar com o que faz, você desejará o reconhecimento dos outros para sentir que é digno. Seu senso interior de segurança dependerá do *feedback* dos outros. Você pode não perceber que, em seu estado de sono, está criando sentimentos de insegurança ao se tornar dependente do *feedback* dos outros para se sentir seguro!

A competição é encorajada

Em quase todas as arenas profissionais, aqueles que buscam qualquer posição se verão competindo pela posição e recompensas óbvias por "obtê-la". Isso gera uma mentalidade de ganho/perda, de "ao vencedor as batatas". Em alguns, isso resultará em uma forma mais cruel de "não importa como você vence, apenas vença". Sim, haverá momentos de "felicidade da vitória", conhecida como euforia baseada na vitória, mas tais "altos" ocasionais serão como sinais de pontuação em uma longa sentença de muitos pontos baixos.

O egoísmo é valorizado

A própria ideia de que uma posição pode ser ameaçada ou perdida é uma garantia de engendrar a mentalidade de autoproteção contra as manobras percebidas e os jogos dos outros. Isso tende a resultar em uma "procura pela melhor filosofia", que é basicamente apenas uma forma de egoísmo. É agir contra a própria natureza de ser humano. O coração se fecha em torno do apego, ou seja, a posição. O "eu" limita-se a ver a si próprio, apenas de acordo com a posição e o título. Isso cria um senso de identidade pequeno. Tornar-se pequeno e fechado é sabotar a verdadeira natureza da pessoa, que é aberta e ilimitada. O resultado é infelicidade.

O desejo é cultivado

Tudo acima combina para alimentar o crescimento do desejo pessoal; desejo de reconhecimento, recompensa, afirmação, segurança e sucesso aos olhos dos outros. Esses são desejos egoístas e acabarão por resultar na alienação dos outros. No entanto, é apenas no contexto de nossos relacionamentos que a vida pode funcionar. São os "relacionamentos" que nos dão a oportunidade de nos doarmos livremente. Somente nesses momentos podemos conhecer a beleza, a riqueza e o ilimitado de nosso próprio ser. Paradoxo!

A visão se estreita

Quando acreditamos que somos o que fazemos, quando nos definimos por nossa posição ou profissão, criamos uma visão estreita da própria vida e de como a vida deveria ser vivida. Fica difícil ver o quadro maior; uma visão maior, mais longa e abrangente de tudo. Isso inibe nossa capacidade de cultivar o *insight* e visão antecipada necessários para tomar decisões e fazer escolhas sábias.

E daí para o mundo! Como a identificação errônea com o que "eu faço" – uma das muitas faces do ego – consegue mover o mundo?

O mundo do banqueiro

Veja o banqueiro que acredita "Quem sou eu? Um banqueiro. E o que sou eu? Um banqueiro". Seu senso de identidade é construído em torno da ideia e da imagem de "Eu sou um banqueiro". Isso significa que ele começa a jogar com riqueza material. Ele cria os sistemas sobre como o dinheiro é gerenciado. Ele lida com o que é a base do senso de segurança financeira da maioria das pessoas. O que faz o ego (o "eu" confundindo-se com a ideia/imagem de banqueiro)? Ele se sustenta a si mesmo. Ele cria pensamentos, decisões e ações para sustentar a imagem/ideia/posição de banqueiro. Isso garante que "eu vou sobreviver como um banqueiro". Como? Uma maneira é criar e manipular um "sistema" monetário que garanta a riqueza financeira de muitos, flua para poucos, que é basicamente como opera o sistema monetário agora.

No entanto, a desigualdade da distribuição da riqueza financeira não é culpa do ser humano que acredita ser um "banqueiro". Suas ações são o resultado das crenças herdadas de que o banco é o seu modo de vida, ser um banqueiro e ser um banqueiro bem-sucedido, faz com que "banqueiro" seja seu trabalho e, portanto, sua identidade. Esse condicionamento humano de se identificar com o banqueiro tem implicações para todos nós. O que começa como "Estou aqui para oferecer a você e ao seu dinheiro um serviço bancário", por fim se torna "Eu sou um banqueiro e meu trabalho é lucrar para mim/nós com o seu dinheiro". A pessoa que acredita ser um banqueiro e que, portanto, explora sua "posição de serviço público" para obter ganhos pessoais, não é uma pessoa ruim, ela está apenas dormindo. Mas ele não está ciente de que está dormindo. O "ego" de "Eu sou um banqueiro" torna-se poderoso, e essa mesma mudança de "serviço para sobrevivência", de serviço público para serviço pessoal/sobrevivência, pode ser encontrada em muitas outras áreas da vida profissional. O ego está em ação.

O mundo do político

Veja o político que está apegado e identificado com a crença de "Quem sou eu? Um político. E o que eu sou? Um político". O medo de perder poder e posição vai fazer com que ele comprometa sua comunicação e seu relacionamento com os outros, especialmente com aqueles que ele representa. Ele vai inventar e jogar muitos tipos de jogos políticos, a fim de sobreviver como um político e agarrar-se ao seu poder. Ele até mentirá para seus seguidores a fim de manter sua identidade com base no que faz. Quando as pessoas que acreditam "eu sou um político" começam a servir a si mesmas, elas não são seres humanos ruins, elas estão apenas dormindo! Mas elas não estão cientes de que estão dormindo. O ego é uma forma de sono!

O mundo dos cientistas

Observe muitos cientistas que acreditam "eu sou um cientista", e que essa é a "posição" que confere a mim o "meu poder". Esse apego e identificação com o que eles fazem acabará por garantir que alguns – talvez muitos – cientistas comprometam sua própria integridade e traiam nossa confiança. Alguns provavelmente se verão usados por interesses velados, a fim de que garanta resultados específicos de pesquisas futuras. Muitos se tornarão dependentes de "fundos de pesquisa" de fontes às quais, consequentemente, vão se sujeitar.

Alguns podem ofuscar, manipular e falsificar a pesquisa. Outros "irão para a cama" com corporações e políticos a fim de cumprir sua agenda a custo da saúde pública; tudo com a meta de proteger seu senso pessoal como "cientista". Mas eles não são culpados. Eles não são pessoas ruins. Estão apenas dormindo! Eles simplesmente sofrem de uma doença chamada ego, que fará com que criem insegurança na forma de medo, e esse medo os fará fazer e dizer coisas estranhas e imprecisas, como acontece com todos nós em algum momento de nossas vidas. No laboratório de nossa consciência, podemos observar o ego agindo!

O mundo do executivo corporativo

O gerente sênior, o diretor, o presidente, todos compartilham o mesmo senso de identidade em torno do "Executivo Corporativo". Sua posição e poder lhes dão a oportunidade de ter poder (aparentemente) sobre as vidas de muitos trabalhadores abaixo deles. Embora possam ser, de alguma forma, responsáveis por uma comunidade de seres humanos, conhecida como "funcionários", sua identificação com "Eu sou o gerente" ou "Eu sou o diretor" fará com que muitos deles brinquem com a arte de manipulação e até exploração. Eles verão que sua tarefa é obter lucro. Sua posição e poder dependerão do lucro. Assim, um dia, a própria insegurança provavelmente fará com que eles administrem a empresa, não para o benefício de qualquer outra pessoa, mas para si mesmos e para a preservação de sua posição, que é a preservação de seu ego, sua identidade baseada em posição e poder. Eles não são culpados. É o ego operando! Eles estão dormindo em sua mesa, acreditando que estão acordados!

O mundo do ambientalista

Ainda assim, embora seja o ego de algumas pessoas das quatro "profissões" anteriores, e muitas outras, que esteja desordenando o mundo em todos os níveis, o ambientalista queixoso, ativista, opositor também está sofrendo de seu próprio ego baseado na ideia de "Eu sou um salvador/transformador do mundo". Ou algo parecido! O medo que eles têm do futuro do mundo significa que eles estão apegados a uma imagem de um mundo ideal, sua versão daquele mundo ideal. Esse apego, que "eles" provavelmente chamariam de uma aspiração justa e sensata, será responsável por seus medos e ansiedades, sua raiva e frustrações. Essas emoções ou levarão à violência, na pior das hipóteses, ou a uma resistência contínua, na melhor das hipóteses.

Eles não serão, portanto, capazes de acessar e usar a sabedoria necessária para se libertarem de seu próprio ego. Essa sabedoria os guiaria a engajarem-se criativamente para influenciar os outros, em vez de tentar controlá-los. Essa sabedoria lhes mostraria que qualquer resistência a alguém, que se confunde com qualquer uma das quatro posições e profissões anteriores, só geraria resistência! Egos contra egos tem apenas um resultado, mais conflitos, um apego ainda mais profundo e defesa de suas posições.

Engajamento iluminado

Então, o que podemos fazer quando reconhecemos que são apenas egos que estão governando o mundo? É óbvio que não podemos mudar os outros. Essa sabedoria nós conhecemos.

Mas podemos influenciar. Nós podemos conduzir. Mas, apenas pelo exemplo, e por um nível de engajamento mais iluminado. Tudo o que podemos fazer é nos redespertarmos para o nosso verdadeiro "eu" e natureza. Somente assim, podemos mostrar aos outros, partilhar com os outros, ocasionalmente sinalizar aos outros, com o *insight* de nossas próprias percepções, como eles estão se tornando medrosos e infelizes.

Para muitos, isso pode soar ingênuo. Pode parecer uma abordagem tola de como criar um mundo melhor. No entanto, qualquer outro modo que envolva as emoções de medo, raiva ou ressentimento só aumenta o sofrimento e a escuridão no mundo. Toda resistência é baseada em medo e raiva. Todos os "movimentos de resistência" são construídos sobre o medo e a raiva e, portanto, suas próprias versões do ego. É por isso que, a longo prazo, a "abordagem de resistência" para criar um futuro melhor não funciona.

Aceitação do outro funciona. Reconhecimento e apreciação do outro funciona. Compreender o outro funciona. Ouvir o outro funciona. Mas não é possível trazer essas intenções e comportamentos para a conversa até que o ego esteja fora do caminho. Ele primeiramente tem de ser dissolvido. É por isso que aquilo que está NO caminho É o caminho. Mas, sussurre isso bem baixinho para o banqueiro, o cientista, o político e você sabe quem!

Talvez uma das estratégias menos inteligentes seja esperar que os outros mudem sua atitude e comportamento. É provável que seja uma espera muito longa!

Alguns dizem que é tarde demais para mudar o mundo, tarde demais para mudarmos o que estamos fazendo ao mundo natural. Outros dizem que precisamos "ser a mudança que queremos ver no mundo". Mas talvez a sabedoria mais profunda venha da compreensão de que, seja qual for o estado em que o mundo esteja, seja o que for que esteja acontecendo no mundo, é exatamente o modo como as coisas devem ser. Está dentro do plano, se é que existe tal coisa. Essa capacidade de aceitar e abraçar o modo como as coisas são significa o fim da resistência e do ressentimento do ego, que apenas aliena os outros. É essa percepção de que tudo está bem, mesmo quando aparentemente não está, que cria o espaço no qual podemos nos conectar e nos comunicar uns com os outros de forma pacífica e criativa sobre os melhores caminhos a seguir.

Mas esse tipo de mentalidade não é fácil, simplesmente porque nosso hábito mais profundo é o apego, o ego e os consequentes medos. E o medo não tem paciência, não tem capacidade de ouvir e ser cocriativo, não tem capacidade de falar a partir de um lugar de aceitação e apreciação do outro. E é assim que o ego governa o mundo, e provavelmente governará o mundo, até que a mensagem do mundo se torne alta o suficiente ou drástica o suficiente para dizer "basta"! Isso provavelmente ocorrerá quando não tivermos outra escolha senão enfrentar o fato de que estamos todos sofrendo das mesmas ilusões básicas. E, assim, escolhermos despertar!

Parte TRÊS

EMOÇÕES **em jogo**

Sete IN SIGHTS *sobre como suas emoções entram* NO *caminho*

Primeiro *IN SIGHT*

O que é exatamente emoção?

Todas as emoções surgem do ego. Emoção é o preço que você paga hoje por seus apegos de ontem. Para a maioria de nós, ver e entender isso é um grande desafio, tão grande quanto a criação do próprio ego. Isso porque temos a tendência de ficar viciados às nossas emoções e também exaustos por causa delas.

Não é fácil desatrelar nossas emoções de nossos sentimentos. Suas ideias e significados se misturam facilmente em qualquer conversa, que é uma tentativa mútua de entender emoções e sentimentos! Mais uma vez, a ausência de aprendizado emocional, em nossa educação formal ou em nossa criação, não ajudou em nada. Em algumas línguas, sequer existem duas palavras separadas, por isso há muita confusão e muitas descrições diferentes de emoção. Em um sentido, ninguém tem a descrição correta, não há um entendimento correto que seja único. Nada substitui explorar, sentir, ver, nomear e articular por si mesmo. Ao fazer isso, você verá que seu próprio entendimento sobre a causa e natureza da "emoção" muda à medida que sua clareza aumenta.

Isso significa estar extremamente atento ao que está acontecendo dentro de sua consciência, onde toda emoção se origina. Depois, aprender a nomear as emoções que você cria dentro de sua consciência. Depois, olhar por detrás da "emoção" que você "sente" para ver a causa, para ver como e por que você criou a "emoção que está sentindo" em primeiro lugar. Tudo isso requer o cultivo contínuo e consciente da autopercepção (não aquela autofocada, nem egocentrismo), e um interesse genuíno em entender o porquê de você sentir o que sente. Esse tipo de autoconsciência é um grande vazio em nossa educação, bem como uma falta de orientação de nossos pais. Eles não sabiam que não sabiam!

A causalidade descendente da emoção

Uma das razões pelas quais achamos difícil discernir as origens de nossas emoções é que não registramos nossas emoções até que a energia da emoção tenha um efeito em alguma parte de nosso corpo. Então, simplesmente dizemos coisas como: "Estou nervoso", enquanto apertamos o estômago, "estou com raiva", ao cerrarmos o punho e talvez os dentes ou "estou tenso", após todo o nosso corpo estar rígido. Não percebemos que a energia que está causando esse efeito em diferentes áreas de nosso corpo tem sua origem dentro de nossa consciência, dentro de nosso "eu". É uma "causa descendente" de nossa consciência para o nosso corpo. Ela vai descendo da energia espiritual que somos, de nossa mente, para o nosso corpo.

Uma definição de emoção (que não é rígida) também contém o mecanismo pelo qual você pode começar a ver como cria suas emoções.

Emoção é a perturbação da energia de sua consciência (seu "eu") quando o objeto do apego é danificado, ameaçado, movido ou perdido!

Todos nós conhecemos o momento em que ficamos emocionalmente perturbados, de "moderado a extremamente infeliz", sobre algo ou com alguém. Isso normalmente ocorre quando alguém não faz, diz ou é o que você quer e, aí, fica contrariado. Como quando alguma propriedade é avariada; quando você é insultado por alguém; quando alguém mente para você; quando fica sabendo que os outros estão fofocando sobre você. Esses são apenas alguns dos inúmeros momentos em que a maioria de nós costuma desenvolver o hábito de "reagir emocionalmente". É um uso errado e grosseiro de nossa energia, ou seja, perdemos o controle de nossa consciência, de nosso "eu", e uma "explosão emocional" toma conta.

Vamos ficar, por enquanto, com o exemplo de alguém que não está fazendo o que EU QUERO ou fazendo o que EU NÃO QUERO! Sempre que você "reage" emocionalmente ao outro, cria um distúrbio em sua consciência. "Eles" não são responsáveis por sua perturbação emocional. Eles estão apenas fazendo o que estão fazendo, ou não, de acordo com as circunstâncias! Ver e aceitar a total responsabilidade por todos os seus distúrbios emocionais é o primeiro passo para se libertar de seu sofrimento autoimposto!

O apego é o culpado

Enquanto tais distúrbios são "emoções sendo criadas" na consciência, todas elas diferem em algum grau. Algumas são chamadas de frustração, tristeza, melancolia, desespero, ansiedade ou ressentimento – a lista é quase infinita. (Cf. a lista de emoções e suas causas comuns nas páginas 139-143.) Isso ocorre porque o "objeto de apego" – que é a imagem mental da outra pessoa fazendo exatamente o que você quer, o que você criou "aqui" em sua própria mente como uma expectativa – é prejudicado pela realidade da pessoa "lá fora, não fazendo aquilo!".

Caso você não estivesse apegado àquela imagem – e não perdesse o seu senso de identidade na imagem do outro fazendo o que "EU QUERO" – quando a outra pessoa não fizesse o que você queria, esperava ou preferia, você não iria distorcer a energia de sua consciência para frustração/raiva. Não teria ficado "exaltado". Não iria sofrer. Não teria impulsionado a energia de sua consciência para a emoção (energia em moção) da raiva ou uma das muitas versões da raiva. Mais provavelmente, teria lhes perguntado "por que" eles não fizeram o que você esperava, em uma pergunta genuína para entender por que o outro não foi capaz, não quis, ou não pôde fazer o que disse que faria.

Você já perdeu as chaves do carro? Observe a "perturbação", chamada tensão, originada em sua consciência. E como a tensão aumenta à medida que o tempo vai passando sem que você a encontre. Então, há uma perturbação em sua consciência chamada "tensão", porque o objeto do "apego" foi perdido. Ou pode ser que a imagem de você chegando na hora ao seu destino esteja sendo ameaçada pela ausência de um conjunto de chaves! Então, no momento em que encontra as chaves, a tensão se dissolve instantaneamente e você fica livre daquela emoção. O sofrimento instantaneamente desaparece. Algumas pessoas, quando perdem as chaves, não sofrem. Eles não criam as emoções que chamamos de ansiedade e tensão. Eles param, sentam-se, relaxam, contemplam com paciência e conscientemente, enquanto se perguntam: "Bem, as chaves devem estar em algum lugar por aqui, logo eu as verei. Onde eu as vi pela última vez? Onde elas poderiam ter caído?" Em outras palavras, sem tensão, sem perturbação, sem sofrimento... sem emoção! Na verdade, elas ficam "centradas" em um estado de calma, da qual a lembrança de onde as chaves foram vistas pela última vez pode surgir sem o impedimento e névoa de qualquer... emoção!

Aprovação do chefe

O trem está atrasado. Você está em pé, preocupado, na plataforma. Você pode perder a reunião. É uma reunião importante, e o chefe disse que não deveria perdê-la. Você, então, cria uma perturbação em sua consciência chamada medo. Por quê? Porque está apegado à imagem de chegar na hora e ter a aprovação de seu chefe, por estar pontualmente presente para a reunião. Seu "senso de identidade" está baseado na imagem de ser uma pessoa pontual e ele está dependente da ideia de ter a "aprovação do chefe". Enquanto a pessoa ao seu lado na plataforma, também atrasada para sua reunião, está leve e despreocupada. Ela sabe que não tem controle sobre a velocidade do trem. Ela não está dependente da aprovação dos outros, pois conhece seu próprio valor. Internamente ela está livre. Nenhum apego e nenhuma identificação com uma imagem mental é igual a nenhum ego, que é igual a nenhuma emoção, que é igual a nenhum medo, igual a nenhum pânico, igual a nenhum sofrimento autogerado, igual a nenhum dano à felicidade pessoal!

Adeus, mãe!

Sua mãe morre. Você chora ao criar a emoção de tristeza. Por quê? Mas isso não é natural? Bem, sim e não. A maioria das pessoas aprende a "acreditar" que é natural chorar e criar as emoções de tristeza. Mas, ao fazer isso, você está sofrendo. Você é o criador do sofrimento, não sua mãe ou a morte dela. O equivalente físico pode ser comparado a cravar uma faca na sua perna. Mas nós não fazemos isso e chamamos de natural! Então, por que o sofrimento mental/emocional? Porque você está apegado e identificado com a imagem, a ideia, a memória de "minha mãe". Mas como não estar? Bem, alguns não estão. De fato, em algumas culturas, eles não choram com a passagem do outro, mesmo de um membro da família. Eles celebram. Isso porque eles têm uma visão diferente e um relacionamento diferente com o outro, inclusive com a mãe! Às vezes é porque eles não acreditam que a morte seja uma perda, um final, mas uma porta de entrada para uma nova aventura.

O seu apego!

Não importa muito qual seja o seu entendimento ou filosofia em torno da morte neste momento. O útil a reconhecer/compreender é que, mesmo quando um assim chamado "ente querido" morre, ainda é você que se faz sofrer, não é a passagem deles, não é o evento. O objeto de apego (sua mãe) foi "aparentemente" perdido, então você cria uma perturbação em sua consciência, uma distorção em seu ser, chamada tristeza. Na verdade, se você cria tristeza, significa que sua mãe não era realmente uma pessoa que você amava, mas, de fato, ela era uma pessoa a quem estava apegado! Estava tão apegado à imagem de sua mãe estar com você "aqui dentro", que, quando a forma física desapareceu "lá fora" de sua vida, você criou e sentiu a tristeza decorrente de acreditar que perdeu alguém. Mas se não estivesse apegado à sua mãe, se talvez a visse como você mesmo, como um ser espiritual em sua jornada, e não apenas como MINHA mãe, você não sofreria... tanto! Se visse como vocês foram capazes de passar momentos preciosos e especiais juntos, até a chegada da hora inevitável de seguir caminhos separados, você provavelmente geraria apreciação (que é amor) por ela, e não sofresse. Você não estaria tão apegado, tão dependente, então haveria muito menos tristeza e sofrimento ou talvez nenhuma tristeza e sofrimento. Falar é fácil! Mas é possível? Alguns dizem: "Sim, por que não!" A maioria diz: "Você só pode estar brincando!" Nenhum dos dois está certo ou errado. O que você diz? Contemple e veja por si mesmo. Se você cria tristeza, significa que "acredita" que perdeu alguma coisa/alguém, o que significa que "acredita" que possuía alguma coisa/alguém. Será que, por acaso, você pode ter a posse de alguém?

De um ponto de vista puramente espiritual, mãe/pai são apenas papéis que a alma/espírito pode desempenhar durante uma vida. Isso não é o que eles são, e não é o que o "eu" que diz "eu sou" é! Mas, isso não é de fácil compreensão, até que tenhamos plena consciência da realidade de nossa própria identidade espiritual, que não é identidade!

Ansiedade crônica e generalizada!

Então é por isso, e é assim que TODA a emoção, todas as perturbações dentro da consciência, surgem do apego, do "eu" perdendo-se na imagem do objeto de apego na tela da mente. Tudo acontece em nossas mentes. Daí a verdade no dito; "Está tudo na mente." Bem quase tudo! Também é por isso que geralmente não choramos quando milhares de outras mães partem todos os dias, como acontece! Todo sofrimento mental/emocional vem do ego, do apego e identificação com uma imagem, ideia, memória, conceito ou crença que aparece em nossas próprias mentes. A aparência, o apego e a identificação errônea com qualquer imagem mental particular podem durar de alguns segundos a muitos anos, e até uma vida inteira. No caso de apego a outras pessoas, geralmente é por muito tempo!

Nossos dias estão cheios de momentos assim, já que é hábito recriarmos uma variedade de imagens e ideias em nossas mentes, e então nos apegarmos a cada uma delas, por vários períodos de tempo. Daí a ansiedade crônica e generalizada (medo) que muitos de nós parecem criar e sentir quase continuamente, enquanto bailamos mentalmente por todos os nossos apegos, todos os dias! As próprias imagens/ideias podem ser grosseiras, como em imagens mentais claras de coisas e pessoas, ou podem ser extremamente sutis, como em crenças ou memórias subconscientes, previamente assimiladas.

Problema em dobro!

É fácil evitar suas emoções, colocá-las de lado para sentir algo melhor. É fácil pegar algo, consumir algo, apertar um botão do controle remoto da TV ou mesmo provocar outra pessoa para não sentir a emoção que está surgindo dentro de você, por algum motivo. Mas isso só reserva um problema duplo para mais tarde. Melhor olhar atentamente para a emoção, reconhecer plenamente o desconforto e, então... dar um nome a ela! Ao fazer isso, duas coisas acontecem. Primeiro, você está naturalmente se desapegando da emoção. Em outras palavras, está retraindo a energia vital de sua consciência, de modo que a emoção deve diminuir e morrer. Toda emoção morre quando observada.

Em segundo lugar, começará a desenvolver sua "alfabetização emocional". Aqueles que não sabem ler costumam permanecer ignorantes e, portanto, um pouco ingênuos sobre muitas áreas da vida. Similarmente, se você não consegue ler suas próprias emoções, provavelmente permanecerá ingênuo sobre como, onde e por que ficou apegado e, desse modo, perde seu poder espiritual. Aprender a reconhecer e ler seus próprios estados emocionais torna-se, assim, a base para sua capacidade de reconhecer e ter empatia pelos estados emocionais dos outros.

E quanto ao amor e a felicidade?

Nesse ponto, muitos dizem ou perguntam: o amor não é também uma emoção, a felicidade não é também uma emoção? Isso confirma nossa confusão em torno das emoções. Reserve um momento para refletir, e poderá começar a ver que amor e felicidade são estados de ser, livres de qualquer perturbação emocional. São estados que somente podemos criar, "estar neles", quando não há apego e, portanto, nenhuma perturbação emocional. Isso definitivamente não é fácil de ver, já que a maioria de nós aprendeu que amor e apego andam juntos, que eles são a mesma coisa.

Para ser amoroso, você não pode estar apegado a nada. Se estiver, surgirá o medo, que é o oposto do amor. Quando você é amoroso, não é emocional. Não há perturbação em sua consciência, apenas o fluxo livre natural de sua energia para o outro. Quando você está contente, que é a forma mais profunda de felicidade, não é perturbado por emoções. Você não é "emocional". Está naturalmente estendendo, para o mundo de seus relacionamentos, a energia de "você", em um estado de satisfação. Se você é emocional, então não é amor verdadeiro; está ocupado consigo mesmo, está ocupado sentindo suas próprias emoções. Não é uma felicidade autêntica se houver alguma emoção. Emoção é sempre um sinal de agitação e, mais frequentemente, de descontentamento. E isso nunca pode ser felicidade.

PAUSA

Encontre uma situação pessoal recente na qual você ficou muito triste. Repasse-a em sua mente como se estivesse assistindo a um filme. Contemple-a. Veja ao que estava mentalmente apegado durante essas cenas e mesmo depois delas. Você acredita que perdeu algo? Qual é a imagem mental à qual está se agarrando e na qual está se perdendo?

Segundo 2 *IN SIGHT*

O que é sentimento e qual a diferença entre sentimento e emoção?

Para a pergunta "Quem pensa?", a maioria das pessoas responde: "Eu!" obviamente. Para a pergunta, "Quem escolhe ou decide o que pensar?", novamente, a maioria das pessoas diz: "eu", claro! Mas para a pergunta, "Quem cria o seu sentimento?", a maioria das pessoas parece um pouco perplexa. Elas não têm certeza. Alguns, por alguns momentos, outros por muitos momentos! Quase não há sentido perguntar quem "escolhe" seus sentimentos, já que a maioria das pessoas – caso pensem sobre isso por tempo suficiente – parecerá completamente confusa. Isso geralmente acontece porque todos aprendemos a acreditar que TUDO o que sentimos vem de "fora para dentro". Acreditamos que as outras pessoas e os eventos são responsáveis por nossos sentimentos. Isso quer dizer que ainda não aprendemos a escolher e criar nossos sentimentos, da mesma maneira que podemos conscientemente escolher e criar nossos pensamentos.

Então, qual o significado exato de sentimento, e por que somos tão incapazes de escolher o que sentimos? Existe uma simples definição de dicionário.

Sentir é a percepção ao toque.

No nível físico, percebemos a textura e a qualidade do tecido de um vestido ou terno ao tocá-lo. Sentimos isso usando nosso sentido físico de toque. Esse é um "sentimento físico", usando nossos sentidos físicos. Óbvio!

Quando alguém diz alguma coisa e explica a lógica do que está dizendo, uma vozinha em nossa cabeça provavelmente sussurra "sim, entendo, faz sentido", que é um modo de dizer, eu "sinto" a lógica disso.

Isso é sentimento em nível racional. Em outra ocasião, quando alguém faz uma declaração, sem nenhuma explicação ou lógica, nossa vozinha às vezes também diz "sim, entendo, isso parece certo, eu não sei o porquê, eu não vejo nenhuma lógica, mas simplesmente parece certo!" Nesses casos, estamos "sentindo" em um nível mais profundo, o nível intuitivo.

Assim, podemos tocar, ver, perceber, sentir, em um nível racional, e podemos ver, perceber, tocar, sentir, em um nível intuitivo. É isso que pode ser chamado de "sentimentos sutis".

Os sabores mais sutis

Mas os "sentimentos" mais sutis e profundos são espirituais. Muitos de nós conhecemos alguém cuja "presença" sentimos. Nós não temos de vê-los, mas eles podem estar na casa e sentimos sua energia. Às vezes, eles podem estar em outro prédio, às vezes longe, e sentimos sua energia. Esses são os sentimentos mais sutis. Alguns de nós são mais sensíveis a esses sentimentos do que outros. É um pouco como comida picante. Se você comer alimentos picantes e condimentados com regularidade, provavelmente perderá um pouco de sua sensibilidade aos sabores mais sutis de alguns alimentos. O mesmo se dá com o sentimento. Ao se entregar intensamente às sensações físicas por certo tempo, sua capacidade de sentir as energias mais sutis das emanações espirituais dos outros será diminuída. E é exatamente isso que todos nós temos feito: nos entregado à intensidade do estímulo físico de tal forma, que muitos de nós crescemos acreditando que sentimentos são apenas sensações físicas. Nós perdemos principalmente nossa capacidade de perceber e sentir a energia sutil, a energia espiritual que emana da consciência dos outros.

Mas, o sentimento mais profundo que você pode escolher ter é quando leva sua atenção e percepção para dentro de si. Em questão de segundos, poderá criar um estado de paz interior e "sentir paz". Em questão de segundos, poderá criar um estado de amorosidade com relação a alguém ou ao mundo, e "sentir esse amor" à medida que ele emana de você. É isso o que todos nós estamos buscando NO mundo: sentir paz e amor. No entanto, isso está sempre acessível em todos os momentos, em todas as situações, em um instante, dentro de nós mesmos. Tudo o que temos de fazer é escolher criar e doar esse estado de consciência, e então vamos "senti-lo"! Por experiência, todos sabemos que é no doar algo que nós o sentimos.

Dominado pela crença

Então, por que você não consegue? A principal razão é o nosso velho amigo, o ego. Você está apegado e dominado pela crença de que as outras pessoas e circunstâncias "fazem você sentir" o que sente. Então está sempre à procura de "ter" algo para "fazê-lo sentir". Quando não consegue o que quer, ou seja, aquilo a que você já está apegado mentalmente, cria uma reação emocional. Quando você se torna emocional, é a emoção que entra NO meio. Ela sabota sua capacidade de escolher e criar seu estado de consciência e, portanto, seus sentimentos! Emoção é sempre o resultado de apego. É o apego a uma imagem/ideia em nossa mente (do que eu QUERO/TENHO) que entra NO meio. Qualquer ideia/imagem em sua mente à qual você apega o seu EU define assim seu senso de identidade e, portanto, o ego surge... de novo! É o ego que está NO caminho!

Esse último parágrafo é a essência deste livro, e a maior pista no grande quebra-cabeça de como ser livre e feliz, que todos nós tentamos resolver!

Observe que sempre que você fica emocional, é impossível escolher seus sentimentos! Até que a emoção desapareça, como acontece com todas as emoções, só aí você poderá escolher o que sentirá! Mas isso não é tão fácil, uma vez que a maioria de nós aprendeu que a única maneira de sentir é pela emoção! Muitos de nós aprendemos que ser emocional É sentir! E pronto! Em outras palavras, a maioria de nós aprende que nossas emoções são tudo o que podemos sentir!

Observando os outros

Quando muito jovem, você provavelmente aprendeu que sentimento é um substantivo, e não um verbo. Aprendeu que seus sentimentos simplesmente "aconteceram a você". Que outras pessoas e circunstâncias são responsáveis pelo que sente. Você aprendeu que estar empolgado é estar feliz. Mas não é. Empolgação é sua criação emocional, quando estimulada por algo fora de si mesmo. É uma agitação de sua consciência. Felicidade verdadeira é um sentimento de contentamento, bem-aventurança ou pura alegria que surge de dentro, sem motivo algum! Quando você se sente empolgado assistindo a alguém ganhar ou perder uma competição na TV, por exemplo, isso significa que está apegado e identificado com eles e seus esforços. É como se, em sua própria mente, estivesse passando pelo que eles estão passando.

Emocionando-se no lugar de outros!

Enquanto você assiste ao desempenho deles, gera as emoções de tristeza (perda) ou exaltação (vitória), com muita empolgação e medo, na forma de tensão. Enquanto você se emociona, e se "sente" empolgado, exultante ou triste, o que não notará é que essas são emoções sobre as quais você não tem controle, nenhuma escolha, porque está apegado e identificado à pessoa a quem está assistindo. Você se rendeu às imagens na tela. Em momentos assim, você torna o seu "eu" impotente para escolher o que vai sentir.

De fato, embora pareça que você está vendo a apresentação deles na televisão, na realidade, os vê na tela de sua mente. É aí que você perde o seu "eu" nas imagens e história deles. É onde os usa para criar um ego baseado na imagem deles. A partir do apego/ego surgem seus distúrbios emocionais. E é assim que aprendemos a nos "emocionar no lugar dos outros"!

Ausência de infelicidade

Também é provável que você tenha aprendido a acreditar que felicidade significa aquisição e acúmulo de coisas! Mas não é. Isso é apego! Mas é uma crença que faz com que você crie um senso de identidade, baseado em objetos externos e/ou pessoas, tudo o que por fim deve ir embora ou ser tirado de você. Então é provável que surja medo, na forma de insegurança. É por isso que a insegurança reina na consciência de quase todos, todos os dias!

Ensinaram a você que felicidade significa alívio da dor. Mas não é. Isso é apenas ausência de infelicidade, depois de muito sofrimento emocional que você criou em resposta a alguma dor física!

Essas e muitas ilusões semelhantes em torno da felicidade são transmitidas não tanto em livros, mas pelos exemplos e pela linguagem de nossos pais, professores e personagens gerados pela mídia, cujas crenças e percepções nós consumimos à medida que crescemos. Eles não sabiam que estavam deixando o legado de certa falta de autopercepção e uma incapacidade de discernir o real significado das emoções que criamos e sentimos. Eles não sabiam o que não lhes foi ensinado! Eles não sabiam que estavam passando mitos e ilusões que se tornariam a base de nossas ideias equivocadas e confusões para o resto de nossa vida. E, no entanto, estava destinado a ser assim... obviamente!

PAUSA

Faça o experimento hoje. Sempre que você começar a sentir qualquer uma das formas da emoção de raiva ou tristeza, veja se consegue escolher sentir conscientemente algo diferente, como paz e satisfação. Enquanto tenta, veja ao que está mentalmente apegado. Ao que você está se agarrando e se perdendo na tela de sua mente, que está bloqueando sua capacidade de escolher seus sentimentos?

Terceiro 3 *IN SIGHT*

Por que existe tanta confusão sobre as emoções?

Se você perguntar a dez pessoas o que elas entendem por emoção, é provável que receba dez respostas diferentes, e provavelmente bem diferentes. Pergunte a elas qual a diferença entre emoções e sentimentos e logo haverá ainda mais confusão. Fora esse vazio que se encontra no centro de nossa educação, chamado "autoconhecimento", a principal razão para tanta falta de clareza é que TODAS as emoções têm suas raízes no apego.

Aprendemos a construir nossa vida em torno do apego a algo ou alguém. Aprendemos que nosso senso de segurança só pode ser baseado naquilo que acumulamos e alcançamos – que são apegos. Somos brilhantemente programados a observar os outros, a nos identificar com eles, querer o que os outros têm, aspirar ao estilo de vida dos outros e ao aparente sucesso deles. Mas isso é apenas mais apego a imagens e ideais. É por isso que muitos de nós vivemos uma vida de perpétua ansiedade, tensão, ressentimento e insegurança, para citar apenas algumas das emoções resultantes. Aí nos perguntamos onde e como vamos encontrar paz e felicidade internas. Então, começamos a buscar alívio para nosso sofrimento emocional em substâncias e relacionamentos. Mais apegos! Surgem então dependência e a mentalidade de "vítima".

O apego faz com que a moeda de troca em nossos relacionamentos seja, em grande parte, emocional. "Você é meu" significa apenas que eu estou apegado a você. "Isso é meu" significa apenas que eu estou apegado a isso. "Isso vai ser meu" significa apenas que eu estou apegado a isso "aqui dentro" em minha mente, antes que isso se manifeste "lá fora". Todos esses apegos geram medo de perda, tristeza após a perda, e raiva quando alguém é visto como responsável pela perda. Daí o ciclo de emoção que passa de tristeza a raiva, a medo, a tristeza, a raiva e a medo. Torna-se a "trilha sonora emocional" de nossa vida. Por fim, compararemos nossa "trilha sonora" com os outros durante nossos bate-papos, como se quiséssemos confirmação e conforto ao compartilharmos muitas notas emocionais comuns. Vamos conspirar para chegarmos à nossa conclusão conjunta de que é assim que a vida deve ser, uma montanha-russa emocional! Então nos contentamos com uma vida de sofrimento emocional sem perceber!

Viciante e exaustivo

Não demora muito para antevermos um bom choro, já que ele libera quaisquer emoções reprimidas. Nós nos entregamos à indignação, talvez inicialmente em personagens fictícios. Depois, isso começa a se mostrar em nosso relacionamento com pessoas reais, na vida cotidiana. Justificamos nossa preocupação com o que pode acontecer com os outros, acreditando que isso seja um sinal de cuidado, de demonstração de nosso amor, sem perceber que estamos perdidos em uma ilusão mental que confunde medo com amor. Qualquer excitação significa que estamos nos abandonando a um escape temporário de nossas confusões emocionais, sem perceber que a excitação em si é um estado emocional que vicia e é exaustivo. Não conseguimos ver que a excitação, que acreditamos ser felicidade, é apenas o resultado de uma estimulação temporária, que na realidade, está apontando para outro apego!

Desemaranhar todos esses estados ou distorções de nossa consciência, em emoções identificáveis torna-se o "grande trabalho" de percepção e atenção. Sem mencionar a necessidade de aprender uma nova linguagem para descrever o que está acontecendo no território interno de nossa consciência. Na era de negócios que nos mantêm exponencialmente ocupados, quem tem tempo e inclinação para isso? Ademais, não é para isso que pagamos um terapeuta para fazer por nós?

A única maneira de banir qualquer confusão que você possa ter em torno das emoções que cria e sente é: a) tornar-se mais consciente do que está sentindo; b) sempre que você se tornar emocional, dar um nome para a emoção que está sentindo; e c) explorar silenciosamente o que está causando a emoção. Isso constrói sua linguagem, bem como seu entendimento sobre si mesmo, enquanto vai percebendo por que você está criando cada uma dessas emoções.

Uma maneira de fazer isso é encontrar um amigo para algumas conversas regulares. Converse abertamente mantendo o foco em: o que são emoções; de onde elas vêm; por que elas surgem; quem é responsável por nossos estados emocionais; como restaurar nossa capacidade de escolher o que sentimos; por que queremos fazer isso? Conversas assim o ajudam a expandir sua percepção e a construir sua compreensão, bem como sua capacidade de articular o que sente e como sente. No entanto, existem três "tenha cuidado"!

O primeiro "tenha cuidado"

Um grande erro que costumamos fazer é atribuir nossas criações emocionais a outra pessoa. É fácil começar a falar sobre o que os outros estão fazendo/fizeram e não deveriam estar fazendo. Depois de um tempo, você percebe que isso é apenas uma manobra sutil para evitar enfrentar e falar sobre si mesmo e sobre as emoções que está criando e sentindo.

O segundo "tenha cuidado"

À medida que você articula o que e como se sente ou sentiu, não se perca em uma história, que geralmente é um código para

"Eu fui a vítima nesta situação e preciso de sua compaixão". No nível mental e emocional, você nunca é uma vítima. Isso é difícil de entender, mas teste por si mesmo. Diga exatamente isso a alguém e depois explique por que isso acontece. Você ficará surpreso com a verdade mais profunda de que é capaz de encontrar internamente, e quão convicto se sente ao partilhar com outra pessoa.

O terceiro "tenha cuidado"

Parece óbvio, mas ao contar qualquer "história de emoção", cuidado para que não comece a recriar as emoções da história, deixando, assim, que elas assumam o controle novamente. Inicialmente isso acontecerá. Experimente ser uma terceira pessoa imparcial em sua própria história, enquanto compartilha sua própria experiência e, gradualmente, seu entendimento das emoções ficará mais claro, bem como a causa delas.

PAUSA

Pegue um pedaço de papel. Anote o que você se lembra de uma situação em que reagiu emocionalmente e ficou aborrecido. No lado esquerdo, faça uma coluna vertical com seis títulos da seguinte forma: percepção – pensamentos – emoções – ego – comportamento – resultado. Esses são os ingredientes, os seis níveis principais, na sua REAÇÃO. Agora, em câmera lenta, passe novamente o cenário em sua mente e anote o que ocorreu dentro de você em cada nível. Então, no lado direito, passe pelo mesmo evento como se você pudesse escolher RESPONDER de forma diferente. Substitua as emoções de sua reação por sentimentos escolhidos em uma resposta mais ponderada. Dessa vez, você não está apegado a nada; portanto, não há ego. Assim, nenhuma emoção, mas você escolhe sentir alguma coisa em relação a outra(s) pessoa(s) ou evento. Escolha sentimentos que não sejam formas de estresse ou sofrimento.

Se você quiser a planilha para esta reflexão, envie-me um e-mail para mike@relax7.com

---

Quarto *IN SIGHT*

Por que as emoções geralmente são ignoradas em um contexto espiritual?

Poderíamos dizer que todos os contextos da vida, ou seja, todos os nossos relacionamentos na vida, são espirituais, simplesmente porque todos nós somos seres espirituais criando nossas experiências de vida. Poderíamos dizer que todas as experiências são experiências espirituais porque é o espírito, o "eu", que está experimentando. No entanto, a "qualidade" da maioria das experiências não costuma ser altamente espiritual simplesmente porque elas são moldadas e distorcidas por alguma forma de apego.

Elas não são experiências consistentemente pacíficas, porque ressentimentos e julgamentos, causados por nosso apego/ego, perturbam nossa paz interior. Elas não são experiências consistentemente amorosas, já que distorcemos nossos sentimentos espirituais em emoções de medo e raiva. Elas não são experiências consistentemente alegres e autenticamente felizes, porque criamos momentos de tristeza e pesar com muita frequência. Tudo causado pelo hábito de apego e pela criação das muitas faces de nosso ego!

Espírito comunitário em uma comunidade espiritual

Um "contexto espiritual" poderia ser definido como um grupo de pessoas que estão em um processo consciente para restaurarem seu verdadeiro senso de identidade, como seres espirituais e não físicos. "Espiritualidade" poderia ser vagamente definida como *as intenções, pensamentos, sentimentos e comportamentos que surgem naturalmente de nossa verdadeira natureza como um ser espiritual.* Essa "natureza" é naturalmente amorosa (não é o amor de Hollywood!), naturalmente alegre e naturalmente pacífica. Todos nós aprendemos a sabotar nossa verdadeira natureza e a nos fazer sofrer.

Limpo e claro

Nós só podemos ser o nosso verdadeiro "eu", ou seja, pacífico, amoroso e alegre, quando a energia de nossa consciência, de nosso "eu", está irradiando de forma livre, limpa e clara. E isso só é possível quando não há apegos para distorcer a emanação de sua energia! Para isso, seu coração – que é essencialmente sua consciência, que é você – tem de estar limpo e livre de apego, caso queira saber o que é amor e senti-lo. Limpo e sem qualquer desejo, que é apenas outra forma de apego. Somente ao estar livre de todo apego você pode parar de criar medo e raiva. Assim que você cria um apego, a vibração de sua energia muda de amor para medo. Medo é amor distorcido pelo apego – a mesma energia, mas com vibração diferente e "sentimento" diferente!

Tocando o ponto fraco dos outros

Muitas vezes é mais fácil evitar explorar e entender as emoções que criamos e sentimos do que tentar descobrir por que estamos explodindo de emoções. Especialmente quando há tanta confusão em torno da causa e do significado de emoção. Muitos "movimentos espirituais" frequentemente entregam qualquer entendimento emocional ao território da terapia, e consideram que emoção "não é espiritual". Às vezes, ela é vista como um aspecto "confuso" do desenvolvimento espiritual, levantando todos os tipos de sentimentos, todos os tipos de reações emocionalmente estimuladas, cuja natureza exata é de difícil concordância, quem dirá entendimento.

A maioria de nós também tem um pouco de medo das reações emocionais dos outros, por isso preferimos não confrontá-los a esse nível, caso eles caiam em um estado emocional. Isso também acontece por temermos as nossas próprias emoções em reação às deles! Ou tememos ter de gastar tempo e energia, seja defendendo-nos de suas emoções ou ajudando-os a se recuperar de seus distúrbios emocionais. Embora possamos tentar evitar tocar os pontos fracos dos outros, também costumamos esconder nossos próprios pontos fracos na presença de outros! Provavelmente todas essas sejam coisas sensatas a fazer quando não entendemos o que realmente é emoção e por que tanto as nossas emoções, bem como as dos outros, "explodem". Mas isso pode e realmente conduz à proibição e, por fim, à repressão, à medida que acumulamos o sofrimento emocional. É provável que exploda em algum dia fatídico no futuro ou simplesmente "escape" continuamente pela nossa personalidade sensível e talvez instável.

Esquivando-se de suas emoções

Algumas comunidades e filosofias espirituais parecem se esquivar completamente das emoções e sentimentos, não por fuga, mas por um entendimento de que você precisa "transcendê-los". Ou que você só precisa reaprender a "ter bons sentimentos" para com todos e tudo! Isso pode ser (mas não sempre) um código para: simplesmente volte diretamente ao seu estado mais elevado de ser, ao seu verdadeiro estado espiritual, ao seu estado puro, original e eterno de consciência. Eles ensinam que, se você fizer isso, toda a "bagagem emocional" abaixo, todas as coisas de apego e ego abaixo, se resolverão por si. Tudo desaparecerá naturalmente, porque você acessou e restaurou a realidade mais pura e mais elevada de sua consciência. Eles o aconselham a fazer isso, para que esses distúrbios emocionais problemáticos deixem de ter poder sobre você e acabem por desaparecer.

De certa forma, essa parece ser a melhor abordagem para alguns! Senão, é fácil ficar preso tentando sondar nossas emoções, tentando segurar nossos sentimentos, lutando com nossos apegos e tentando destruir o ego, que é, no final, um senso ilusório de si mesmo. Quem quer gastar tempo e energia lutando com uma ilusão? Além disso, toda essa "tentativa", todo esse esforço para "lidar" com esses movimentos internos de nossa consciência é muitas vezes cansativo e frustrante. Não faz sentido transformar nossa jornada espiritual, nosso despertar para quem realmente somos, em alguma luta interior pela supremacia sobre uma ilusão; sobre o que não é real. Por que não ser apenas genuíno? Bem, essa é uma abordagem e, para alguns, parece funcionar. Mas, para outros, simplesmente não funciona.

Tornozelos espirituais

Talvez porque, se você tentar estar nesse estado de consciência elevado, puro e livre de apegos, sem limpar, por assim dizer, algumas das ervas daninhas do caminho, é provável que essas emoções e esses apegos sejam suprimidos ou temporariamente colocados de lado. Eles esperam um toque, um sinal, para reaparecerem subitamente e criarem seu caos emocional. Eles estão esperando para "interferir" em qualquer tentativa de que você restaure e mantenha sua consciência mais elevada. Como um monstro, eles vão surgindo das profundezas e agarram você pelos tornozelos espirituais e os puxam de volta para as profundezas mais sombrias de ilusão e sofrimento emocional. E parece que é isso que acontece com muitos, quando estão voltando para o seu "eu" autêntico. Em um minuto, sua pureza e o poder de sua consciência estão melhorando, e parecem ser mais reais, mais próximos ao seu verdadeiro "eu", portanto, eles se sentem mais calmos e cuidadosos. No momento seguinte, eles se veem novamente se afogando em correntes emocionais, que achavam que já tinham sido dissolvidas no oceano do próprio "eu", há muito tempo!

É por isso que o que está NO caminho É o caminho. Não é que precisemos lutar e derrotar nossas emoções (tristeza, raiva, medo); não é que precisemos abandonar dolorosamente nossos apegos (a causa de toda nossa tristeza, raiva e medos); não é que precisemos matar o ego em uma sangrenta batalha interna até a morte (embora pareça que algumas pessoas tentem todos os três em sua vida espiritual!). Mas precisamos entender essas perversões internas de nossa consciência e, assim, "perceber" como elas geralmente surgem e ficam NO caminho de sermos nosso verdadeiro "eu". Só então podemos vê-los pelo que são: ilusões baseadas no que não é real. Ilusões que se dissolvem na realidade da luz pura de nosso próprio ser radiante, assim como pequenos ou grandes nevoeiros evaporam, quando expostos à luz direta do sol.

Sendo uma fonte de amor

Daí a gradual eficácia de práticas espirituais como meditação e contemplação. Mais o valor de conversas profundas, espirituais e gentis com os outros sobre o que, por que e como sentimos o que sentimos. Incluindo mútuas sondagens sobre o que significa despertar e restaurar nosso "eu", nossa consciência, nosso espírito em seu nível mais puro. Conversas que explorem perguntas como: quem sou eu realmente?, o que realmente significa ser "ninguém"?, como ser autêntico?, são conversas inestimáveis juntamente com quaisquer práticas espirituais.

À medida que medita, estuda e discute, você naturalmente começa a restaurar sua capacidade de discernir as diferenças, muitas vezes sutis, entre o irreal e o real dentro de seu próprio ser. Você invoca seu estado original de consciência sem ego, que era e é livre de todo apego e identificação errônea e, portanto, livre de toda emoção. Você percebe que falta de emoção não significa que você se torne uma pessoa fria, dura e insensível. Muito pelo contrário. Você percebe que o amor tem muitas expressões e que a felicidade tem muitas texturas sutis, que você não poderia sentir, experimentar ou expressar ao estar tão ocupado com suas emoções.

Será que você consegue ver a emoção e conhecê-la pelo que ela é, o produto do apego, e o som dos clamores do ego por atenção e aprovação? Será que, então, você pode perceber a jornada espiritual pelo que ela é, ou seja, a liberação natural de todo apego, a exposição de todas essas falsas identidades, e a consequente morte do ego e de sua prole emocional? Será que você reconhece que quando o despertar do autêntico "eu" começar, as emoções gradualmente deixarão de interferir? Elas simplesmente não receberão a mesma quantidade de atenção e energia. Uma vez que você perceba e se conheça como é, ou seja, como fonte de amor, como fonte de paz, como fonte de alegria no mundo, tanto os seus apegos como suas emoções naturalmente perderão seu poder de moldá-lo e perturbá-lo. Você simplesmente deixará de criá-los.

Intenções benevolentes

Por quê? Porque o motivo de você ficar apegado a alguma coisa, em primeiro lugar, é porque aprendeu a acreditar que precisava BUSCAR e ENCONTRAR fontes de amor, paz e alegria, as quais você também aprendeu a acreditar que só poderiam ser encontradas no mundo fora de si mesmo. Uma vez que você realmente entenda que ninguém de quem ficou dependente, e nem nada, jamais poderá satisfazê-lo, jamais poderá ser uma fonte do amor que você procura; uma vez que realmente entenda que amor é o que você é, e o que você está aqui para fazer; é aí que a) essas crenças perdem seu poder sobre você; e b) "elas" (outras pessoas) tornam-se "oportunidades" para você compartilhar e dar de si mesmo. É aí que você começa a se conhecer como a própria energia que buscava dos outros. Você percebe que você é amor!

Assim que volta incondicionalmente à sua "doação" de si mesmo, o hábito de apego começa a decrescer naturalmente e perde seu poder sobre você. Com ânsia e carência desaparecendo, você se torna, para os outros, uma fonte daquilo que já buscou dos outros. Em tais momentos, você sabe que está despertando... de novo! Como? Você "sentirá" o poder que surge em suas próprias intenções benevolentes, em sua própria motivação para servir aos outros. Onde antes você se enfraquecia ao querer e esperar dos outros, e ficando dependente deles, agora se reempodera ao doar aos outros. Não porque você tenha de ou precise, ou mesmo queira, mas porque isso é a coisa natural a fazer, surgindo do ser natural livre e amoroso que você é.

Raízes subconscientes

Mas raramente isso é algo direto, simplesmente por causa do subconsciente. Todas essas memórias de padrões de apego há muito estabelecidos, todos os hábitos de apego e identificação errônea estão registrados e enraizados em seu subconsciente. Assim, as fontes de seus distúrbios emocionais geralmente estão, em grande parte, fora de sua percepção do dia a dia e momento a momento. Mas se o seu empenho espiritual, o empenho para despertar a si mesmo, for consistente, a prática da meditação também diminuirá o "espaço" entre o consciente e o subconsciente, e passará a revelar aquilo que você ainda está começando a entender e quer. A contemplação regular, especialmente em silêncio, revela gradualmente as camadas de "eus" ilusórios registradas em seu subconsciente. Você verá como é o seu apego a essas ilusões, que está gerando suas "reações emocionais" e, portanto, o seu próprio sofrimento.

Assim, um dos sinais de que você está fazendo algum "progresso espiritual", sinais de que um despertar está realmente ocorrendo, será uma redução gradual na frequência, intensidade e, por fim, no desaparecimento de toda emoção.

Dando nova prioridade a seu tempo

Não é fácil desvendar, identificar e ver claramente a causa de suas emoções, a menos que você faça seu próprio trabalho interior de autopercepção e autoconhecimento. Só então você pode ser sua própria autoridade sobre sua própria consciência, e também dentro de sua consciência, seu próprio "eu". A menos que se torne sua própria autoridade, você ainda depende dos pontos de vista e opiniões dos outros sobre esses assuntos. Tornar-se e ser essa autoridade requer que você cultive um nível de autopercepção e autoentendimento que, em última instância, não pode ser ensinado. Isso tem de vir de dentro de você. Isso dependerá de quão profundamente interessado e genuinamente curioso você é. Se estiver profundamente interessado, isso significa que provavelmente precisará dar novas prioridades ao seu tempo e atenção. Algo terá de ceder, como dizem. Esse "algo" geralmente envolve liberar ou gastar menos tempo com alguns de seus... apegos!

O que você lê aqui não é um guia sobre ego e emoção. Essa leitura não tem o poder de transformá-lo, libertá-lo ou até mesmo iluminá-lo. Isso somente acontece quando você vê, compreende e conhece por si mesmo. Existem aqui placas de sinalização. Mas, em última análise, você criará e seguirá seu próprio caminho, à medida que desenvolver sua própria clareza sobre o assunto do seu "eu", para si mesmo! Aí você poderá erguer suas próprias placas. Aí, você poderá criar seu próprio modo de ver e dizer isso. Aí, você poderá escrever sua própria doutrina... por assim dizer!

Um experimento sem identidade

O destino de qualquer espiritualidade autêntica é a compreensão de si mesmo como consciência pura, percepção pura. Ou seja, a identidade não está baseada em nada neste mundo material. Possível? A maioria provavelmente diria não, e se fosse, qual seria o sentido da vida?

E, ainda assim, todos nós temos momentos (talvez você consiga se lembrar de algum momento recente assim) em que estava neste exato estado de ser. Você não teria descrito como sem identidade. Foi apenas um momento em que você esqueceu tudo, quando sua consciência estava vazia de todas as preocupações do futuro, preocupações no presente, memórias sombrias do passado. Você estava simplesmente em uma espécie de estado vazio. Não um estado nulo, pois esse seria um estado gerado pela crença de que você perdeu alguma coisa ou alguém precioso.

Por um momento, você apenas se esqueceu de quem erroneamente pensou que era, e isso pareceu bastante bom. Você se sentiu muito livre, em paz e muito relaxado. De fato, o mundo era um lugar bonito e benevolente de se estar. Alguns se referem a esse estado de ser como "presença". Você não estava mais ausente em nenhum de seus apegos (memórias, imaginações e especulações). Você estava totalmente no presente.

Agora imagine que pudesse trazer esse estado de ser de volta ao contexto atual de sua vida. Imagine estar totalmente presente em qualquer situação em que estiver. Imagine que pudesse manter esse estado ao interagir com os outros e lidar com as situações do dia a dia à medida que surgissem. Imagine trazer essa leveza e liberdade para a reunião, para a cozinha, para um relacionamento difícil.

Imagine que você também está plenamente consciente de que está simplesmente adotando, no mundo, identidades materiais – como nome ou posição, nacionalidade ou mesmo religião – para a conveniência da cena e da interação. Em outras palavras, você está "usando" uma identidade física, mas sabe que ela não é você, assim como sabe que as roupas que seu corpo usa não são seu corpo. Mas seu corpo as usa por conveniência! Então você "usa" essas identidades por conveniência. Mas abaixo delas você está nu. Você sabe que elas não são você. O verdadeiro você é o espírito nu e livre.

Faça experimentos com essa "percepção" e veja como se sente. Imagine isso primeiro. Então "faça o teste", em tempo real, em situações da vida real.

Deixe que isso se expanda. Não espere nada. Apenas faça o experimento. E observe, veja, sinta e brinque!

PAUSA

Encontre um espaço quieto. Sente-se silenciosamente. Observe com calma o que está ocorrendo em sua mente. Na quietude desse processo gentil de observação, perceba aquilo que quer perturbar a sua… quietude! Pode ser um pensamento disperso, uma emoção turbulenta ou talvez uma memória sombria. Assim que perceber o que é, deixe-o "passar". Ele passará tranquilamente se você permitir. Se resistir de qualquer forma, ele vai parar, sorrir para você e começar a sugar sua energia, ao mesmo tempo em que fará um barulho obstinadamente alto dentro de você.

Pare e fique quieto, mesmo no meio da selva barulhenta de seus pensamentos e sentimentos!

Quinto *IN SIGHT*

Será que as emoções têm um lugar natural no mundo?

Elas podem ter um lugar, mas ele não é "natural"! As emoções humanas são responsáveis pelo caos climático. Parece um grande salto da emoção para os nossos sistemas climáticos, mas se você seguir a trilha, a conexão ficará clara. Tudo tem a ver com entropia. A entropia da energia física que compõe o eco e os biossistemas do mundo está diretamente relacionada à entropia da energia de nossa consciência.

A segunda lei da termodinâmica, muitas vezes referida como a Lei da Entropia, é mais ou menos definida como: em um sistema fechado, toda a energia se move de um estado ordenado para um estado caótico. Coloque fogo a uma mesa e a energia presa e ordenada na madeira da mesa é liberada em um estado mais caótico, como calor e luz. Essa energia então se espalha para encher a sala. Se quiséssemos levar a energia de volta ao seu estado anteriormente ordenado, na forma de madeira, precisaríamos usar mais energia do que foi liberada. Teríamos de tirar aquela energia de algum outro lugar. Assim, criando entropia em outro lugar. Coloque fogo em todas as mesas e cadeiras da sala, e logo a temperatura da sala aumenta. As plantas começam a morrer e o papel de parede começa a enrugar, despregando-se das paredes!

Portanto, a conclusão da entropia, de acordo com a comunidade científica, é algo chamado "morte térmica". Somente uma fonte de energia que esteja fora do sistema fechado, que nesse caso é a sala, pode restaurar a energia, dentro do sistema, a um estado ordenado.

O NASCER dos sóis

Agora pense nos eco/biossistemas de nosso mundo físico. Por milhares de anos, a entropia das formas de energia natural dentro dos sistemas fechados do mundo físico tem sido lenta. Tão lenta, que passa despercebida. Por quê? Porque, a cada dia, uma fonte de energia vinda de fora do sistema injeta nova energia no sistema, que então restaura, atualiza e reordena a energia dentro do sistema. Uma energia conhecida como sol!

No entanto, durante os últimos cem anos, liberamos a energia retida de suas muitas "formas" naturais dentro do eco/biossistema mais rapidamente do que o sol pode restaurar e reordenar. Agora existe um nível exponencialmente crescente de caos das energias dentro dos eco/biossistemas fechados do planeta Terra. Um sintoma desse caos é a instabilidade climática crescente e eventos climáticos extremos, que parecem incluir um aumento gradual da temperatura.

Formas físicas e o espírito sem forma

Há outra distinção clara entre a energia física da matéria e a energia espiritual da consciência. No mundo físico, a energia física assume muitas formas naturais. Quando a energia física está em suas muitas formas materiais naturais, significa que a energia está em um estado de ordem. Forma é igual a ordem. Ela está em um estado equilibrado, harmonioso e não caótico. Enquanto a energia da consciência, em seu estado mais natural, não assume forma alguma!

Na consciência, ausência de forma é igual a ordem e, forma, é igual a desordem! O espírito (consciência) não assume a forma de um corpo, ele ocupa e anima um corpo. Ele pode guiar e influenciar a forma do corpo à medida que ele cresce, mas a consciência, o que alguns chamam de alma ou espírito, não é a forma do corpo físico! A energia da consciência está em seu estado mais natural quando está sem forma, e irradiando livremente a partir de sua fonte, que é ela mesma, o "eu"! Quando fazemos isso estamos nos doando incondicionalmente e de forma ilimitada. Às vezes isso é chamado de amor! E parece consistentemente bom, porque é o nosso estado natural. Estamos irradiando a energia de nossa consciência de um estado de completa liberdade "sem forma" interna. Nós não temos de decidir fazer isso, ou pensar em fazê-lo. Simplesmente está sendo feito!

No entanto, como seres humanos, aprendemos a tentar prender a energia de nossa consciência na "forma". Não nas formas físicas, mas nas formas mentais de ideias, imagens, memórias, conceitos e crenças. Em outras palavras, sempre que criamos "formas de pensamento" e tentamos "preservar" essas formas, nos agarrar a essas formas, prendemos nossa consciência, que é o nosso "eu", dentro dessas formas. Aí, estamos no estado que é conhecido como "apegado". Quando aquilo a que estamos apegados (uma imagem/ideia aqui em nossa mente) é ameaçado, movido, danificado ou perdido, criamos uma perturbação energética em nossa consciência chamada "emoção".

Emoção é consciência em caos. Emoção é o equivalente a um evento climático extremo no ambiente de nossa consciência. Alguns eventos emocionais são mais extremos que outros. Caos emocional é o "aquecimento" da consciência.

Resumo rápido

A energia física, em seu estado mais natural e ordenado, assume muitas formas. Essas formas criam o que chamamos de nosso ambiente físico. A energia espiritual, a energia da consciência, em seu estado mais natural, não assume forma. Ela é (ou seja, você é) sem forma e "projetado" para irradiar livremente de sua fonte, o "eu" (você de novo), em todas as direções, em todos os momentos. Libere a energia física das muitas formas materiais e a energia se move para um estado entrópico de caos. Tente aprisionar a energia da consciência, na forma de qualquer ideia, imagem etc. (apego) e a energia da consciência se move para um estado entrópico conhecido como "caos emocional".

Lembrete rápido

O amor não é uma emoção. Você não está emocionado quando você é genuinamente cuidadoso, compassivo, bom e generoso – apenas algumas das muitas expressões do amor. Felicidade autêntica não é uma emoção. Você não está emocionado quando está contente ou alegre – os dois estados principais da felicidade humana.

Agora, aqui está o ponto-chave. Emoção vicia. Excitação, medo, raiva e tristeza são emoções primárias, e todas elas viciam. Enquanto emoção é um estado não natural e caótico na qual estar a energia da consciência, ela vicia e é exaustiva. Vimos como toda emoção surge quando o "eu" cria uma forma mental dentro da consciência, dentro de si, e depois tenta "preservá-la", ao ficar apegado a ela. Portanto, o caos emocional dentro da energia da consciência é o resultado de tentar dar à energia da consciência uma forma permanente.

Como resultado, a emoção mais comum é a excitação ou o empolgamento. Quando você está empolgado, a origem disso parece estar no mundo. Mas não está, isso é uma ilusão. A origem da empolgação está dentro de sua consciência, dentro de sua mente. O que "provoca" você a criar as emoções de excitação, tristeza, raiva e medo? Pode ser uma pessoa ou um evento lá fora, no mundo material. Eles não "causam" seu distúrbio emocional, mas são "gatilhos". Você puxa esse gatilho e recria uma "explosão emocional" no ambiente de seu próprio ser.

Dois exemplos: dois torcedores do Time Vermelho estão andando pela rua a caminho do jogo. Ambos têm dois filhos e estão conversando calmamente sobre quão lindos são seus filhos. Então, na esquina, vem um grupo de fãs do time Azul. Isso faz com que os dois torcedores do Time Vermelho criem uma imagem em suas mentes sobre o Time Vermelho e o pensamento se forma: "Eu sou do Time Vermelho". Eles se apegam e identificam com essa forma de pensamento. Eles criam um pouco de medo e talvez um pouco de excitamento ou mesmo raiva, porque veem os torcedores do Time Azul como uma ameaça à sua identidade de Time Vermelho. De um estado de calma, eles ficam perturbados com as emoções de medo e excitação. Por quê? Porque, em suas mentes, eles recriaram uma imagem do Time Vermelho e se apegaram à imagem, identificando-se com ela. Eles usam os fãs do Time Azul como um gatilho para criar animosidade (raiva) e tensão (medo).

Duas mulheres andando pela rua conversam sobre seus maridos que vão ao jogo para aliviar o estado emocional da semana! Elas passam por uma loja de bolsas. Uma diz: "Veja essas bolsas Gucci, elas são o máximo!" A outra, que já tem três bolsas Prada em casa, traz à mente a imagem da Prada. Ela se vê como uma "pessoa Prada" e diz: defensivamente: "Acho Prada muito melhor." Segue-se uma amistosa discussão, que cresce em uma pequena troca de raiva, na forma de frustração e irritação com a outra. Elas também estão dando um jeito em suas tensões emocionais! Por quê? Porque estão recriando a imagem (formas) dos nomes das marcas em suas mentes e se apegando àquela imagem.

Em ambos os casos, eles tentaram dar uma forma à energia de sua consciência: a imagem de um time e a imagem de uma marca. Como resultado, eles criaram as emoções de... bem, você entendeu! É por isso que, quando você cria formas em sua consciência e se apega a essas formas, inevitavelmente gera emoções calorosas.

Criando caos em um espaço seguro

Observe todas as emoções que você cria quando vai ao cinema. Então veja se consegue ver o porquê de "sentir" essas emoções. É sempre porque você cria uma forma em sua mente: a forma mental de uma imagem ou uma ideia. Aí, você fica apegado àquela "forma mental" enquanto tenta se agarrar a ela, preservá-la. Você chora de tristeza quando alguém na história perde alguma coisa. Você cria frustração, e até mesmo raiva, quando alguém faz algo que você decide que não gosta na história. Por quê? Porque eles não estão agindo, nem estão de acordo, com uma imagem que você criou mentalmente de como eles "deveriam" agir/ser. Você cria medo quando alguém no filme está prestes a perder alguma coisa, geralmente a própria vida, ou um estado confortável! Tantos filmes e todos eles lhe dão uma razão, um estímulo, a matéria-prima, para criar o caos da emoção em sua consciência. Eles são gatilhos, mas não causas.

Criamos essas emoções no espaço seguro do cinema ou em nossa própria sala. É a falta de naturalidade, o nervosismo, dessas emoções de empolgação, medo ou raiva que acreditamos que nos deem vitalidade e nos façam sentir vivos. Acreditar e percebê-los como naturais nos é conveniente, uma vez que isso nos deixa livres para nos abandonarmos em nossas drogas emocionais sem ameaça ou consciência. Um dicionário define emoção como agitação da mente. Excitação é agitação. Não é natural estar agitado. Mas antes que perceba, você está ansioso por mais agitação, está esperando pelo próximo filme, pelo próximo episódio, pelo filme mais recente, mais chocante, mais triste, mais medonho. Aí se entrega ao vício, acreditando que é o filme que está fazendo você "sentir" essas emoções. Mas, na verdade, é você quem cria esses momentos de caos em sua consciência.

Feeling good não é tão bom

Mesmo os chamados filmes *feel good* são geralmente histórias sentimentais nas quais você cria emoções sentimentais de pesar e tristeza. Às vezes você usa o filme para desencadear uma catarse de tristeza acumulada, para depois se sentir mais leve. Até que ela se acumule novamente e, aí, partir para o próximo filme, para outro bom choro.

Com o tempo, precisamos de imagens cada vez mais chocantes, gráficas, rudes e desastrosas, a fim de nos fornecer a matéria-prima com a qual possamos gerar as emoções e satisfazer nosso vício. Um pouco como um viciado em drogas, que necessita progressivamente de uma droga mais poderosa para obter o mesmo efeito. Acrescente a isso o mundo dos sonhos dos marqueteiros, em que os veículos de entretenimento, e a capacidade das pessoas de se "conectar" às vidas de outras pessoas, aumentam exponencialmente no espaço de duas décadas. A tecnologia reina. Ela fornece instantaneamente os estímulos (imagens e ideias) que usamos para gerar nosso alívio de tensão emocional. Ela faz com que fluam diretamente para dentro de nossas mentes "formas de ideias" e "formas de imagem", as quais recriamos e nos apegamos bem dentro de nossa consciência. Então, quando alguma coisa acontece com essas formas, criamos agitação, medos, raiva, tristezas e alívio, em outras palavras, o "caos entrópico da emoção", dentro do sistema de nossa consciência.

O tanto de tempo em que as pessoas conseguem prestar atenção é reduzido a segundos, uma vez que elas ficam olhando para seus celulares para receber os últimos e-mails, textos e tweets que, quando lidos, são uma ótima desculpa para criar um momento de empolgação, tristeza, raiva ou medo. Daí o aumento exponencial no desenvolvimento e no uso da tecnologia nos últimos vinte anos. E o rápido aumento na produção de filmes, vídeos, sites, Twitter, Facebook, e-mail, mensagens de texto e todos os outros meios de gerar exemplos de formas de pensamento, que então recriamos e aos quais nos apegamos. Tecnologia é uma seringa para a alma!

Para algumas pessoas, uma simples mensagem de texto de duas linhas pode significar uma devastação emocional pelo resto do dia. É desgastante, mas vicia. Então, depois de meses de exaustão emocional, é hora de um intervalo, de um feriado, de um descanso. Mas aí, levamos nossas máquinas sofisticadas, nossos ipads e ipods, epads... para a praia e aumentamos a velocidade de nossas mensagens de texto, Twitter, navegação e Facebook.

Desenvolvedores e distribuidores

Para sustentar essa explosão exponencial de estimulação emocional, é necessário que fabriquemos tecnologia mais rápida e melhor... todos os anos! Isso exige a liberação de cada vez mais energia física de suas formas naturais. Os desenvolvedores precisam de mais energia física para projetar e desenvolver aparelhos mais inteligentes, com os quais possam oferecer mais sons, imagens e ideias para um público sedento, sempre em expansão. A indústria do entretenimento requer mais energia física para aumentar a sofisticação e a produção de filmes e jogos. As plataformas de mídia social precisam de mais energia física para receber, armazenar e entregar mais "entretenimento" de maneira mais eficiente. Todos nós precisamos de mais energia para conectar, recarregar e interconectar mais máquinas para nosso alívio de tensão emocional diário! As companhias aéreas necessitam de mais combustível para levar mais pessoas emocionalmente exaustas a mais lugares, com mais frequência, para um suposto descanso e refrescamento. TUDO isso requer a extração de mais energia física, mais rapidamente, do mundo natural a nossa volta. Aumentando assim a taxa de entropia, a taxa de caos no ambiente.

Aquecimento emocional global

O calor emocional dentro do ambiente de nossa consciência, que ao mesmo tempo vicia e é exaustivo, é um resultado direto de nossos apegos; ou seja, nossa tentativa de dar forma à energia da nossa consciência. O crescente número de pessoas que têm acesso às imagens e ideias fornecidas por tecnologias modernas só pode ser sustentado pelo uso de cada vez mais energia física. Ou seja, o que faz com que liberemos no mundo, cada vez mais, a energia contida nas formas físicas naturais é o hábito de dar forma à energia de nossa consciência, para que possamos gerar emoção.

O "aquecimento emocional" global é responsável pelo caos ambiental global. O ego e as emoções resultantes dentro da consciência humana estão lentamente matando o planeta.

Como aquelas explosões solares, que às vezes vemos nas imagens do sol, nossa consciência explode para fora ou dentro, quando somos emocionais. Costumamos nos deixar levar pela explosão. Então, ao criarmos raiva ou tristeza, vamos junto com a emoção, entramos na emoção, na explosão. Até dizendo: "Estou com muita raiva", "Estou tão deprimido" ou "Estou muito empolgado". É por isso que permanecer tranquilo não tem a ver com parecer tranquilo. Tem a ver com desapegar-se das formas que estamos tentando criar e preservar em nossa consciência. Estar tranquilo significa aprender a sair da emoção e apenas observar a explosão, sabendo que, como em um incêndio, por fim diminuirá e acabará. Permanecer tranquilo é permanecer em seu estado centrado, onde você não está apegado a nenhuma forma mental.

Aberto à fonte

A energia física do mundo material assume muitas formas, mas a energia da consciência é aberta e não formada. A fonte externa de energia que mantém as energias formadas e ordenadas do mundo físico é o sol. Todos os dias, ele se doa como luz e calor, e quase todas as criaturas vivas e plantas do mundo absorvem essa luz e são sustentadas e fortalecidas. A entropia é mantida sob controle até que interferimos e liberamos a energia mais rapidamente do que o sol pode substituí-la.

Ela também é uma fonte externa de energia que restaura a abertura e o estado não formado da nossa consciência. Esta fonte de energia espiritual é por vezes chamada de "A Fonte". Assim como a flor toma a luz e o calor do sol e cria uma forma que é bela, perfumada e colorida, o "eu" toma o calor do amor puro e a luz da iluminação da "Fonte". Ele faz isso para criar um estado de ser livre, espiritualmente bonito, com uma fragrância de caráter na qual os outros podem perceber essa beleza. Quando a flor se conecta ao sol, ela sabe que é uma flor e não tenta ser um arbusto ou uma árvore. Quando a alma, o "eu", conecta-se à energia da fonte, ela deixa de tentar criar, adotar e se identificar com qualquer forma. Ela volta ao seu estado mais natural de ausência de forma. Ela se conhece apenas como o "eu" que diz "eu sou". Que é ninguém! E isso é o suficiente.

Sexto *IN SIGHT*

Como administrar e dissolver nossas emoções depois que elas surgem?

O que NÃO estou dizendo aqui é que emoção é algo errado ou ruim. É provável que seja fácil perceber e interpretar o que estou dizendo dessa maneira. Nosso condicionamento dualista (ou é bom ou ruim, certo ou errado etc.) nos leva a "interpretar" de maneira tão preto e branco. Como vimos, "emoção" é sempre o resultado de apego e identificação com algo que não sou "eu". Isso "acontece" em nossa própria mente. Então, emoção é apenas uma "consequência" de uma identidade equivocada. Portanto, emoções são também apenas enganos. Elas continuarão sendo "acionadas", mas não causadas por pessoas e eventos, pelas circunstâncias e pelas demandas do mundo a nossa volta. Até que tenhamos acordado completamente para quem somos, as gravações passadas, as lembranças mais antigas, os hábitos subconscientes, nossos apegos profundamente enraizados, nossas identidades erradas, produzirão tempestades emocionais dentro da energia de nossa consciência. Emoção é afinal Energia em MOVIMENTO. Então, como lidamos com a "chegada inesperada" de nossas emoções, ou seja, as emoções que "parecem" ocorrer sem razão alguma?

Resposta: Com muita dificuldade! A menos que você tenha integrado práticas específicas em sua vida, será comum que a emoção mova a sua vida. Como exploramos no capítulo anterior, a maioria das culturas no mundo de hoje é alimentada e movida por emoções. Elas são o vício que todos nós compartilhamos. As principais práticas que o ajudarão a gerenciar e, por fim, libertá-lo do hábito de "se emocionar" são as mesmas necessárias para "ver através" das ilusões criadas pelo ego, ou seja, as práticas de meditação e contemplação. O primeiro passo da meditação é muitas vezes chamado de "observação desapegada". Esta é a prática de se desapegar do que está acontecendo em sua mente. É como se você estivesse "fora de sua mente" e voltasse ao seu assento interior, dentro de sua consciência, para que possa observar o que surge em sua mente.

Isso pode ser comparado a assistir ao filme e não perder a percepção de que você está no assento de um cinema e que o filme é um evento ficcional separado, acontecendo "lá em cima" na tela. Contanto que você mantenha essa percepção, não será sugado pelo filme, o que significa que não se perderá na história que cria, com base no filme, em sua própria mente. Quanto mais você pratica apenas observar o que está ocorrendo em sua mente, mais terá um senso pessoal de "observador" e mais você deixará de se apegar e identificar-se com qualquer ideia, imagem, personagem, que cria em sua mente. Então sua mente se torna sua serva, onde antes você parecia ser o escravo!

É somente ao parar de se perder dentro da mente e de se identificar com o que está nela, que você começa a recuperar seu poder, à medida que restaura o controle de sua consciência. Às vezes isso é chamado de autodomínio. Mas não é tanto o domínio de si mesmo, mas o domínio de tudo o que você pode fazer com sua consciência e dentro dela, ou seja, dentro de você!

Então, da próxima vez que você fizer uma sugestão ou surgir com uma ideia maluca e alguém lhe disser: "Você está maluco"? Apenas diga: "Sim, obrigado"!

Meditação em cinco passos

Como vimos anteriormente, esses hábitos de apego/falsa identificação penetram profundamente em nosso subconsciente. Quando provocados, sentimos ondas de emoção surgindo dessas profundezas! Às vezes chamamos isso de humores. Quando eles aparecem, é como um sinal para entrarmos em nossa prática meditativa e processo contemplativo, pelo menos por alguns momentos.

Passo um: esteja plenamente consciente das emoções que você está sentindo. Se possível, dê nomes às emoções que estão surgindo.

Passo dois: reconheça plenamente a presença das emoções e que você é completamente responsável por criar as emoções que sente. Isso pode exigir a correção da falsa crença de que "não sou eu, são eles que me fazem sentir assim" e reconhecer que "sou eu, não eles". Seja paciente. Continue se relembrando que isso é a sua criação, mas não você. Mas não se preocupe! Isso é apenas o resultado de um senso pessoal equivocado. Você está "no processo" de corrigir seus erros.

Passo três: porém, não resista à sua criação, ou seja, não suprima nem reprima a emoção. E, se puder, também não a expresse. Aceite-a. Converse com ela! Ao fazer isso, você vai perceber seu humor melhorando e gradualmente estará menos suscetível aos gatilhos emocionais!

Passo quatro: comece a ascender. Isso significa adotar a posição de observador desapegado, como se estivesse claramente consciente de que existe você e existe a emoção, bastante separadas. Não está realmente separado, mas o esforço o ajuda a sair do calor da emoção, negando-lhe assim ganhar vida. Faça um experimento de simplesmente observar a emoção sem ser movido por ela. Faça isso o mais rapidamente possível, assim que ela surgir.

Passo cinco: é o processo de sintonizar com o seu centro. É aí que você sempre encontra a sua paz, que é o seu poder. O processo de "sintonizar" ao centro do seu ser é a prática da meditação. Você "tira de sintonia" todas as outras energias irrelevantes e sons de sua atenção para que haja apenas você. Parece fácil na teoria, mas é preciso prática, simplesmente porque nos tornamos viciados em distração. Nós vivemos na era da distração! Retirar nossa atenção do mundo a nossa volta, mesmo que por alguns momentos, é um desafio para muitos. Ser capaz de retirar sua atenção de suas explosões emocionais é uma prática interna, que, por fim, restaura a sua capacidade de escolher seus sentimentos.

Faça experimentos com esses cinco passos até não precisar deles. Em última análise, a meditação não é conduzida pelo método, mas pela intenção. Ela acaba se tornando um caminho natural de criar o seu estado interior, livre de toda e qualquer emoção.

A arte e prática da meditação é o ser, reconhecendo para si mesmo, que é hora de perceber quem eu sou e o que sou, e como funciono dentro de mim! Meditação é o cultivo da autopercepção. Ela não requer professor, tempo especial, nem abordagem particular. Não há um modo certo de meditar, nenhum método correto para se tornar autoconsciente. Ela não é alguma coisa para ser adicionada à sua lista de afazeres, e ela não é uma conquista, não é um objetivo. É um processo contínuo de iluminação/despertar pessoal à medida que você vê e percebe com maior clareza o que é verdadeiro e o que é falso, o que é real e o que é irreal, dentro de si mesmo!

PAUSA

Para a meditação mais simples,
sente-se em algum lugar calmo.
Descanse seu olhar sobre um ponto diante de você.
Relaxe o corpo e os olhos.
Observe sua respiração por um momento.
Traga a sua percepção para si mesmo.
Fique consciente de si mesmo, sendo consciente de seu "eu".
Se alguma coisa externa distrair você, volte e comece de novo.
Se quaisquer pensamentos ou sentimentos surgirem para distraí-lo,
deixe-os passar.
Crie um pensamento: "Eu sou paz e estou quieto".
Sinta-se em paz e fique quieto
Silencioso e quieto... silencioso e... quieto!

Sétimo *IN SIGHT*

Como lidar com as emoções que surgem de traumas passados?

De um ponto de vista espiritual, estamos todos, num certo sentido, traumatizados! E ao mesmo tempo não estamos! Então vamos mais a fundo!

Assim que investimos nosso senso de identidade em algo que não somos, o sofrimento autogerado, que caracteriza o trauma em um nível espiritual, é inevitável. Criar um ego é impor um trauma a si mesmo! É um choque para a verdadeira natureza da alma, que começa como energia pura, não poluída, desapegada, livre e radiante de consciência. Todos "aprendemos" a criar um falso senso de identidade. O sofrimento emocional resultante intensifica-se ao longo do tempo, talvez ao longo de muitas vidas. À medida que isso acontece, parte desse sofrimento e, para algumas pessoas, muito desse sofrimento, é habitualmente suprimido; ou seja, "pressionado" para o subconsciente.

É nossa verdadeira natureza irradiar livremente a luz de nossa consciência como uma vibração que chamamos de amor. Quando fazemos isso, estamos "sendo o nosso eu natural". Mas, ao adormecermos espiritualmente e criarmos uma identidade falsa para nós mesmos, a energia do "eu" é distorcida de amor para medo. Temer é sofrer. Isso também é "traumático" para a alma/eu. Logo começaremos a criar e "sentir" as "vibrações" de tristeza e raiva. Acabaremos por nomear essas vibrações/sentimentos de "emoções" de tristeza e raiva. Esses também são momentos traumáticos para a alma, para o ser, simplesmente porque são violações de (violência contra) nossa verdadeira natureza. Infelizmente, aprenderemos a tolerar essas emoções. E aprenderemos erroneamente a acreditar que elas são naturais, e até passaremos a nos identificar com elas e nos viciar nelas.

Todos esses momentos tornam-se memórias ou "informações gravadas" em nossa consciência, no que chamamos de subconsciente. Com o tempo, essas gravações se tornam um fardo em nossa consciência. Elas se tornam o que às vezes é chamado de "nosso carma", que é o registro de todas as nossas criações físicas, mentais e emocionais. Como uma carga grande e pesada desacelera um caminhão, e mais carga o retarda ainda mais, nossa consciência fica lenta. Carregamos o peso acumulado da memória dos muitos momentos de muitos traumas causados por nosso próprio ego e os distúrbios emocionais resultantes.

Queda do sistema

Toda vez que repetimos os pensamentos, sentimentos e ações dessas gravações, nossos "carmas" (ações registradas) se tornam mais profundos e carregados de memórias emocionais perturbadoras. Um computador vai ficar lento, travar ou parar quando sua memória ficar demasiadamente cheia de programas e informações. Nossa consciência também começará a exibir os sinais e sintomas de estar sobrecarregada com demasiados "registros traumáticos", à medida que os hábitos de criação de apego, ego e emoção são encenados com mais frequência.

Hábitos dentro da consciência são o equivalente a programas em um computador. Todos nós desenvolvemos hábitos de acreditar, perceber, pensar, emocionar e agir. E se esses hábitos não estiverem alinhados com a veracidade do nosso ser – que obviamente não estão, se forem baseados em apego e ego – eles gradualmente ocuparão mais espaço, mais memória, dentro de nossa consciência. Quanto mais se expande a nossa memória, mais de nossa energia ela precisa para se manter, mais poder então ela tem para influenciar nossos pensamentos, decisões e sentimentos. Assim, criamos um ciclo vicioso, que somente aumenta nossos apegos e nosso ego, que aumenta a frequência e a intensidade de nossos distúrbios emocionais, que cria mais peso, mais infelicidade. E estamos todos aqui hoje, vivendo em um mundo que, de modo geral, é transbordante de infelicidade!

Autodiagnóstico emocional

Alguns dos sinais e sintomas de que nossa consciência está sendo bloqueada ou distorcida, sobrecarregada e ficando lenta por tais memórias de nossos carmas, incluem: incapacidade de pensar com clareza; estresse ou confusão quando confrontados com escolhas; a incapacidade de sentir felicidade interna e de ser amoroso com outros; incapacidade de permanecer calmo em situações cotidianas; comportamento rebelde, imprudente e antissocial; comportamento obsessivo; dificuldade de concentração; dificuldade de discernir com clareza e tomar decisões "objetivas"; existência de um conjunto habitual de comportamentos para sabotar um relacionamento; reações emocionais e físicas que parecem não ter causa lógica; doença física, uma vez que a energia atual desajustada da consciência está baixa e, assim, altera a energia celular de nosso corpo.

Pode parecer que a vida é uma longa e laboriosa luta sob a constante tensão de um mau humor que não percebemos que está nos derrubando. Podemos até provocar um "travamento" em nossa consciência, quando simplesmente não conseguimos mais aguentar. Entramos em uma espécie de sobrecarga ou desligamento e excluímos o resto do mundo. Todos esses "registros de hábitos", essas "memórias traumáticas", são essencialmente o que está NO caminho de nosso despertar. Eles estão NO caminho, impedindo que nossa energia flua livre, natural e levemente do coração de nosso ser para o mundo de nossos relacionamentos. No entanto, como veremos, a boa notícia é que todos eles têm a mesma raiz. Tudo o que precisamos fazer é arrancar essa única raiz e estaremos bem novamente, livres novamente, leves novamente, e seremos nós mesmos novamente! Essa raiz é o "hábito" de nos apegarmos e, portanto, identificarmos com o que não somos! Sim, nosso velho amigo, o ego!

Soluções terapêuticas

Quando esse "sofrimento cármico" aumenta de intensidade, a maioria de nós não tem a menor ideia do porquê nos sentimos pesados, mal-humorados e extremamente infelizes, sem nenhuma razão aparente. Por não haver uma causa óbvia, as pessoas por fim buscam ajuda para entender e resolver seu sofrimento mental e emocional. Elas saem em busca do porquê estarem estressadas ou deprimidas, tão frequentemente irritadas ou continuamente inseguras, tão reativas e talvez destrutivas, em seus relacionamentos com os outros.

Esse é o contexto no qual surge a prática terapêutica. Existem muitas terapias que podem ajudar a alma/eu a liberar os fardos e traumas gerados, registrados e carregados, talvez por um longo tempo. Talvez por muitas vidas! Elas variam de Terapia de Regressão a Vidas Passadas, Terapia de Renascimento à Terapia da Criança Interior e outras mais. Todas elas têm um lugar, e sua eficácia normalmente dependerá de uma combinação da habilidade do terapeuta e da abertura do paciente.

Todas essas terapias costumam ter uma meta em comum: Destravar nossa consciência de uma memória, ou uma sequência de memórias, de experiências traumáticas "passadas" que continuam a bloquear e/ou distorcer nossos pensamentos, decisões e comportamentos com sua emoção no "presente".

O objetivo aqui não é revisar ou avaliar tais terapias, mas considerar o que está acontecendo de um ponto de vista puramente espiritual. E talvez fazer as perguntas: Será que a espiritualidade também entra na mesma categoria? Ela também é uma "terapia"? Uma possível resposta para sua consideração seria: Veja se isso parece certo para você!

Espiritualidade é apenas outra terapia?

Tudo tem a ver com memória! É na memória que todos esses traumas aparentes são registrados. Quando essas memórias são estimuladas, o sofrimento emocional que vive na memória do trauma original é acionado e novamente se espalha ao nosso estado de consciência atual. A emoção (ou emoções) tem então o poder de moldar e influenciar – às vezes parecendo controlar – nossos pensamentos, decisões, atitudes e comportamentos. Nós reagimos em vez de responder. "Sentimos" o que não queremos sentir (emoção). Dizemos coisas que não queremos dizer e nos comportamos de modos que nos arrependemos ou de modos que sabemos que são uma expressão de todo o nosso potencial ou, de fato, nosso verdadeiro "eu". Mas parece que não podemos fazer nada a respeito.

Então, quantas dessas memórias traumáticas e emoções relacionadas a elas existem? Todas registradas e incorporadas em nossa consciência. Quem sabe? Centenas? Milhares? Será que precisamos saber? Provavelmente não! Pois é, você está preparado para ouvir? Eis aqui o porquê de você provavelmente não precisar de terapia!

Sendo você mesmo

Quando você está sendo você mesmo, seu "eu" verdadeiro, antes da criação de qualquer identidade falsa, não há apego ou identificação errada. É quando nada pode tocar você. Você é invulnerável. Você não está pensando nisso, nem sequer está ciente disso, você simplesmente é... invulnerável. Assim como uma criança, que é invulnerável a um insulto verbal antes de aprender a criar sua autoimagem e a linguagem conectada a ela. Essa invulnerabilidade é nada mais do que um estado de inocência. Portanto, nada que se diga ou faça pode "provocar" qualquer percepção de que você foi maltratado. Portanto, você nunca cria nenhuma forma de sofrimento emocional. Você está em um corpo no mundo material, mas ainda não começou a usar nada no mundo para construir uma identidade! Em sua mente, você não está agarrado a nada do mundo. Não está investindo seu senso de identidade em nada do mundo. Está internamente desapegado e livre. Capaz de dar sua energia na mais alta vibração, que é o amor. Você não tem ideia do que é infelicidade! Você chegou para cumprir o propósito da vida, que é viver e expressar-se através da forma que você ocupa!

Isso descreve, até certo ponto, nosso estado verdadeiro e original de ser, de um ponto de vista puramente espiritual. Esse "ponto de partida" é o mesmo para todos nós.

A consciência está infectada

Um dia você pega um vírus chamado "apego". Aprende a criar mentalmente uma imagem do corpo que ocupa. Fica apegado a essa imagem. Começa a basear seu senso de identidade nessa imagem de seu corpo. Então, passa a fazer o mesmo com muitas "coisas" relacionadas ao seu corpo. Seu senso de "quem sou eu" cristaliza-se em torno de coisas materiais. Então, um dia, alguém dá um tiro em seu corpo e você acredita que ele atirou em "você". Está traumatizado. Ou alguém explode a sua casa, na qual você investiu seu senso de identidade, sua identidade. Você sente como se "você" tivesse sido destruído, e até diz: "Estou arrasado". Você está traumatizado. Hoje muitas pessoas dizem "fiquei arrasado" por muito menos do que a perda de uma casa! Ficar traumatizado também parece ser algo que vicia!

Ou... digamos que você tenha desenvolvido a crença de que é brilhante, inteligente e bonito, baseado em suas realizações intelectuais e sua aparência física. Então, pela primeira vez, alguém diz que você é estúpido, chato e feio. Você sente isso como uma faca nas costas, na perna e no estômago, tudo ao mesmo tempo! Por quê? Porque você está apegado e identificado com a ideia/imagem de ser inteligente, brilhante e bonito. Portanto, você acredita que foi insultado, está traumatizado, por tais... palavras cruéis! Mas o que não percebe é que o sentimento de insulto, o trauma, não é criado pelo outro, ou pelas palavras dele, nem pelo evento. Ele é criado por você, simplesmente porque esqueceu quem/o que você "realmente" é. Simplesmente porque o seu senso de identidade está baseado em uma ideia e uma imagem de ser inteligente, brilhante e bonito, que não é você, nunca pode ser você, porque você não é uma ideia ou uma imagem! Então, quando o insulto chega à sua consciência, não foi "você" o ferido, mas sim o ego. É sempre apenas o ego que é ferido!

É por isso que o ego é a causa de todo sofrimento, portanto, a causa de todo trauma. Ele é a causa de todas essas memórias traumáticas, conscientes e subconscientes, de TODOS os momentos traumáticos em nossa jornada de vida, talvez na jornada de muitas vidas. Na realidade, o ego não é o ser. Ou seja, não é o "eu" que diz "eu sou" que está machucado e traumatizado, é o ego. É nossa criação que está ferida. Mas parece que sou eu, parece que o "eu" foi ofendido. Tomamos isso de maneira tão pessoal, porque nosso senso de identidade está perdido, envolvido em nossa própria criação mental.

A realidade interna é que provavelmente existam centenas desses momentos de sofrimento, todos gravados, todos à espreita, em nosso subconsciente. Todos preparados para a menor faísca para derramarem seu conteúdo emocional novamente em nosso estado presente de consciência. Será que podemos/precisamos, revisitar cada uma dessas memórias para nos curarmos, liberarmos a nós mesmos das memórias gravadas de todos os nossos traumas do passado? De um ponto de vista espiritual, a resposta parece ser não.

Recuperando o estado sem ego

Um entendimento espiritual nos lembra que a memória mais profunda que todos carregamos é quando éramos sem ego. Quando estávamos naquele estado invulnerável e ileso. Quando estávamos em um estado de consciência que não poderia ser ofendido ou violado e, portanto, não poderia "autotraumatizar"!

É esse estado puro e original de consciência que é anterior ao vírus do apego, anterior à criação do ego. Quando não nos identificávamos com nada. Quando nada era bloqueio para que a luz radiante de nosso ser fizesse seu percurso do coração para o mundo. Quando estávamos sendo apenas o nosso "eu" verdadeiro e natural. Nós éramos sem ego.

Dissolva e desapareça

Esse "entendimento espiritual" nos lembra que precisamos apenas restaurar esse estado interno permanente de ser, e estarmos conscientes disso. Assim, todas as outras memórias e seus traumas emocionais deixarão de ter qualquer poder sobre nós. Isso pode ser comparado ao sol que nasce de manhã e, gradualmente, dissipa a escuridão da noite. O sol não elimina uma sombra por vez. Ele não procura áreas de escuridão ou sombras nas quais "trabalhar". Ele não faz nenhum esforço para chegar "lá em cima" no céu! Ele simplesmente sobe e brilha, sobe e brilha, naturalmente!

Por fim, ele se eleva alto o bastante para que o brilho de sua luz elimine automaticamente todas as sombras em todas as direções. Nossas "sombras" são aquelas memórias de traumas passados, dentro de nossa consciência, que geram nossas reações emocionais, criam nossa confusão mental e obscurecem a clareza de nosso intelecto. Ao elevarmos nossa consciência de volta ao seu estado verdadeiro, livre de apego, livre do ego, essas "sombras" começam a desaparecer... naturalmente. É como se elas fossem afugentadas pela luz pura de uma consciência pura em seu estado real, verdadeiro, autêntico e original. Alguns chamam isso de verdadeira cura espiritual.

Pelo menos em teoria, isso quer dizer que tudo o que temos a fazer é tocar nosso estado original e puro de consciência, que já está presente dentro de nós. Assim como o sol faz as sombras desaparecerem, nosso verdadeiro estado de ser dissolverá todas aquelas memórias de sofrimento, todos os traumas registrados em nossa consciência que contêm as emoções que nós mesmos –

em nosso estado cheio de ego – criamos em nossas reações àqueles eventos passados.

Daí a eficácia da meditação e do yoga. Meditação é um modo de voltar para dentro, a fim de restaurar a percepção de nosso estado original, não apegado e puro. A partir desse momento, o estado de nossa consciência é "iluminado" e, intuitivamente, vemos que todo o nosso sofrimento foi autogerado devido a um erro, o ego. Não foi nossa mãe ou nosso pai, não foi o nosso professor, não foi o acidente, não foi sermos rejeitados ou termos sido chamados de inúteis ou feios que nos traumatizou. A verdadeira raiz de nosso trauma foi nosso apego, e posterior identificação com o que não somos. Foi nossa própria ignorância sobre nós mesmos que "causou" o trauma.

"Entre na mentalidade de vítima"

No entanto, quando erroneamente começamos a atribuir nossos traumas a outras pessoas, ou a eventos, também criamos a mentalidade, a crença de que "eu fui uma vítima". "Eu sou uma vítima", torna-se então outra falsa identidade, e inconscientemente começamos a procurar maneiras de afirmar essa identidade. Daí a frequência com que algumas pessoas buscam motivos para serem ofendidas ou violentadas! Esta única identificação errônea ("eu sou uma vítima") nos levará a criar numerosos sintomas emocionais e mentais debilitantes. Alguns passarão a vida inteira presos na ilusão, na autoimagem de "eu sou uma vítima".

Como muitos pequenos morcegos-vampiros rondando uma caverna, todos esses traumas gravados têm circulado e vivido dentro de nossa consciência. Na maior parte das vezes, pendurados no nosso subconsciente. Enquanto isso, eles sugam a energia vital de nossa consciência, distanciando-nos de quem somos, de estarmos em paz, de sermos uma fonte de amor e de sermos um ser contente! Mas, assim como na mitologia os vampiros não suportam estar ao sol – de fato, "aparentemente" eles queimam ao sol até virarem cinzas –, todos os nossos traumas passados e seus remanescentes emocionais, quando expostos à luz pura de nossa consciência iluminada, viram brasa e acabam. Eles viram torradas! É por isso que qualquer despertar espiritual autêntico, ou seja, autorrealização, provavelmente torna a terapia redundante. Mas isso também quer dizer que somente nós, o "eu", pode elevar nossa consciência, incinerar e apagar os registros de nossos próprios traumas e seu conteúdo emocional e, desse modo, sermos curados por dentro do espírito que somos.

Limpando nossa consciência

É por isso que muitos entram em um caminho espiritual e logo se afastam novamente. É um processo interno profundo que exige que repriorizemos quase tudo em nossa vida, enquanto mudamos o foco de nossa atenção e energia de modos significantes. A menos que façamos isso e até que façamos isso – nosso próprio trabalho interior de elevar e purificar nossa consciência – é provável que voltemos a buscar ajuda e apoio de outra pessoa para fazer isso conosco, ou na ilusão de que ela possa fazer isso por nós. Esse "alguém" geralmente é um terapeuta, com um processo particular de expor e curar alguns dos nossos traumas gravados. Mas parece que poucas terapias, caso haja algumas, podem curar todos eles, podem "queimar" todos eles!

Não parece ser mau nem errado procurar assistência terapêutica enquanto fazemos nosso trabalho espiritual interior de "acordar" e restaurar nossa verdadeira autopercepção. Para muitos, pode ser bastante apropriado, até que se libertem de um bloqueio particularmente desafiador (gravação cármica) que tem em sua raiz um trauma particularmente poderoso. E para outros, que não querem se comprometer tão completamente a um "modo espiritual", ambas as abordagens podem correr em paralelo, até o momento de escolher qual bifurcação da estrada percorrer. Talvez apenas precisemos ter cuidado para que a terapia, e de fato o terapeuta, não se torne apenas outro apego ou dependência, que inevitavelmente teremos de abandonar em algum estágio posterior. Mesmo assim, no entanto, esse pode ser o melhor caminho para alguns, por algum tempo! Simplesmente não há preto e branco, nenhum caminho certo ou errado absoluto no processo de autodespertar e da cura do ser espiritual que somos.

Parte QUATRO

CONTÁGIO **emocional**

Emoção como a principal moeda de troca!

Temos sido invadidos e inundados por uma força alienígena. Estamos à mercê de uma energia invisível que exige que prestemos homenagem e permitamos que ela entre em cada uma das áreas de nossa vida. Ela nos torna preguiçosos, indulgentes e, acima de tudo, dependentes. Ela nos suga a vida, pois sabota o bem-estar de nosso ser de cem modos diferentes.

Ela se tornou nossa dona e comandante, emergindo na "ponte" de nossa consciência para ditar a direção de nossa vida. Ela é a moeda primária com taxa de câmbio variável, de acordo com seus próprios caprichos. Ela é um parasita que se adentra em nosso coração e depois sai pelo nosso comportamento. Ela não parece saber o real significado de vida... ou morte!

Ela é a emoção.

Ela é tão inteligente que nos levou a acreditar que a conhecemos bem, mas não temos a menor ideia de como ela surge. Emoção estratégica. Ela nos levou a abraçá-la e acolhê-la em nossas vidas, ao se definir como um nível de inteligência humana. Emoção inteligente. Ela nos convenceu de que a vida não valeria a pena ser vivida sem ela. Emoção astuta.

Ela se colocou como um recurso inestimável em todos os lugares onde os humanos geram riqueza. Emoção desonesta. Ela até se vendeu como o ingrediente essencial no propósito criativo da existência humana. Emoção hipnótica.

Mas, estamos nos intrometendo! Estamos começando a desvendar seu feitiço. Estamos começando a desmistificar e revelar sua agenda. Estamos começando a despir suas ilusões e a vê-la pelo que ela realmente é. Pelo menos alguns estão! Outros, provavelmente a maioria, ainda estão dançando sob seu feitiço. Ainda usando seu poder ilusório para tentar manipular, controlar, forçar e persuadir. Ela tem se adentrado cada vez mais na nossa linguagem, nos últimos vinte anos. Inclusive criamos muitos "termos de carinho" na aceitação de sua presença. Seguem alguns.

Emocionalmente seguro

Este é um termo usado por aqueles que gostariam que encontrássemos segurança em nossos relacionamentos por meio de nossas trocas emocionais com os outros. No entanto, emoção, por definição, é um estado agitado de consciência e, portanto, um estado de insegurança interna. A emoção em si é a criação primeira, e principal característica daqueles que são inseguros. "Segurança emocional" é um oxímoro.

Saúde e bem-estar emocional

"Venha ao nosso spa, participe de nosso retiro, se você fizer nosso curso, verá como pode restaurar seu bem-estar emocional." Assim são as propagandas ou anúncios para um local ou processo que o ajudarão a atingir o bem-estar emocional. No entanto, a presença de emoção é um sintoma de mal-estar. Saúde tem a ver com nosso corpo físico e bem-estar tem a ver com nossa consciência. Emoção se origina em nossa consciência, e é um sinal de que não estamos bem dentro de nós mesmos. É necessário haver ausência de emoção para estarmos em paz. A ausência de emoção é essencial para mantermos a calma, sermos abertos, amorosos, estarmos contentes e darmos aos outros a nossa energia na forma de entusiasmo.

Por que é tão difícil para nós vermos que aquilo que chamamos de "amor" e "alegria" são estados de ser, e não apenas "outras emoções"? Porque ninguém iria ver o filme, o circo ou a partida, ninguém compraria um livro sobre um romance, que geralmente é uma história "triste", se não houvesse dramas emocionais. Drama, por definição, tem a ver com as emoções das pessoas. Tire a emoção, e ninguém é "estimulado"; remova o estímulo, e todos ficam entediados. Não se consegue ganhar dinheiro entediando as pessoas, então o amor é confundido com luxúria, com tristeza, com mágoa, com dor, com quase todas as emoções, a fim de aproveitar o vício emocional de todos.

Cure suas EMOÇÕES faz parte do subtítulo deste livro. Isso porque emoção é uma ferida na alma. Ela deixa uma cicatriz em nossa consciência que, se tocada, como se uma cicatriz física fosse tocada, haveria um momento de dor. Teste isso por si mesmo. Se você cria raiva contra alguém, isso deixa uma impressão em "você". Então, da próxima vez que ver a pessoa, é como se a imagem dela penetrasse em sua consciência, tocasse a lembrança da raiva, e adivinhe... de novo, você sofre um momento de raiva em relação a ela.

Inteligência emocional

Sim! Inteligência associada à emoção nessas duas palavras se infiltraram em quase todas as áreas das indústrias de treinamento, autodesenvolvimento e crescimento pessoal nos últimos vinte anos. Inteligência emocional infere que, quando você é emocional, é mais inteligente! Mas ao pararmos um momento para refletir, podemos perceber que sempre que somos emocionais, não somos capazes de ser muito inteligentes! Isso porque emoção é uma "agitação dentro da consciência". E quando estamos agitados, não podemos pensar com muita clareza. Mas, mais importante, deixamos de ser capazes de ouvir a sabedoria de nosso coração, às vezes chamada de intuição. Esse é o recurso interno de um "conhecimento" mais profundo que precisamos extrair se quisermos tomar decisões inteligentes, criar respostas inteligentes e interagir com um comportamento inteligente. Todos eles são impossíveis durante qualquer momento emocional. Inteligência emocional é mais um oxímoro.

Controle emocional

Não é possível controlar a emoção. Quando a emoção surge, ela controla você! Tudo o que podemos fazer é aprender a percebê-la e não sermos governados por ela. Tudo o que podemos fazer é diminuir sua duração, adotando práticas como a meditação, em que aprendemos a nos afastar de nossas emoções assim que surgem. Por fim, é possível pararmos de criar emoção. E quando isso acontece, permanecemos calmos e totalmente atentos, amorosos e plenamente disponíveis, compassivos e contentes, alegres e plenamente presentes.

Exploração emocional

Claro que "lá fora" existe uma indústria cujo trabalho é mantê-lo em um estado apegado, direcionado ao ego e, portanto, emocional. É o trabalho do profissional de marketing e dos anunciantes, explorar seu hábito de acreditar que a felicidade vem da compra e da posse de coisas materiais. É o trabalho deles, sustentar a sua aspiração de ser como outra pessoa, geralmente alguém famoso. Eles querem que você continue construindo seu senso de identidade com base nos produtos e nas pessoas que eles projetam para você! E, assim, eles usam imagens e palavras destinadas a explorar a fraqueza de seu apego, e o estímulo emocional associado a ela, como uma queda por coisas doces. Em um anúncio específico para uma determinada empresa de automóveis, a frase de propaganda resume, de forma brilhante, nossas relações com a emoção. No final do anúncio, repleto de apelo de um novo carro elegante e brilhante, há um convite para ficar apegado ao modelo mais recente. Então, sob o nome do fabricante, há uma nova palavra – *AutoEmocion* – sussurrada em tom sedutor. Só mesmo rindo!

Contágio emocional

Você já deve ter assistido a algum programa de TV em que o público do estúdio grita com aparente empolgação ao menor sinal. Antes do show, o público é instruído e estimulado a um estado altamente emocional e encorajado a dar vazão a essas emoções durante o show. Então, enquanto assistimos, nos perguntamos qual o motivo de estarem tão empolgados com alguém pulando em uma piscina de água, ou fazendo um bolo, ou apenas sorrindo depois de duas linhas de diálogo! Isso é contágio emocional, e ele tem se alastrado ampla e rapidamente pelas ondas de rádio ao redor do mundo. Em pouco tempo, já é um risco não participar. O risco de ser um estranho, de ser alguém que não entende! Pouco percebemos que emoção é uma doença mental contagiosa que se espalha mais rápido do que o vírus da gripe, que adoece nossos corpos.

Abuso emocional

Muito se tem explorado, analisado e escrito sobre o que parece ser o crescente fenômeno conhecido como autoflagelo. Não é realmente "autoflagelar", é flagelar corpo! De fato, "autoflagelar" é o que você já adivinhou: emoção! Ele não causa dor, ele é "sofrimento". Mas é um sofrimento que pode parecer agradável, até mesmo doce. Ele é autoimposto porque ninguém é responsável por aquilo que criamos dentro de nosso próprio ser. O dano que isso causa é enfraquecer nossa capacidade de permanecermos calmos, sermos amorosos e conhecermos a verdadeira alegria – digamos, o propósito da vida.

Apego emocional

Isso nos leva à frase, frequentemente usada, "apego emocional". Costumamos nos referir a alguém emocionalmente apegado como, "ele está emocionalmente apegado à sua equipe" ou "ela está emocionalmente apegada ao seu carro antigo". No entanto, falando assim, parece que a emoção vem em primeiro lugar, e o apego segue. Na realidade, é o contrário. O apego acontece primeiro e a emoção segue. O que acontece é que o apego é um evento sutil em nossas mentes, e não somos ensinados a "notá-lo". Então, a primeira coisa que parece ser vista pelos outros é a própria perturbação emocional.

PAUSA

Um projeto de pesquisa pessoal! Chame-o de **Caça ao verdadeiro significado!** Sua missão é ir atrás do verdadeiro significado de emoção e sentimento, amor e felicidade, paixão e entusiasmo, compaixão e cuidado, medo e raiva, tristeza e estresse, tristeza e sofrimento. Uma vez compilado seu dossiê, encontre a interconexão e a inter-relação entre todos eles.

Desemaranhando emoção, sentimento e estado

Não é fácil desemaranhar esses três conceitos, pois todos eles descrevem algo no universo invisível da consciência. Uma das razões pelas quais nosso entendimento geral deles é um pouco limitado – se não distorcido – é que geralmente não diferenciamos entre consciência (ou seja, a alma/eu/espírito) e o cérebro. Nossa tendência é acreditar que tudo é cérebro, que somos apenas um cérebro. E, geralmente, a crença que segue é que "é a química de meu cérebro que está no comando, não eu, portanto realmente não posso fazer nada a respeito". Isso é crença preguiçosa que leva a um pensamento preguiçoso e a uma preguiça generalizada!

No entanto, assim que você se abre à sugestão de que o cérebro é apenas um objeto material, um computador químico, e que VOCÊ é tanto o programador como o operador, quase instantaneamente começa a perceber que VOCÊ está no comando, e não a química! Você pode provar para si mesmo que existe você E o seu cérebro, ao escolher conscientemente mudar um hábito, abrindo mão de uma crença antiga e substituindo-a por uma nova verdade, ao conscientemente criar um determinado sentimento. Esses e muitos outros pequenos experimentos naturalmente o levarão à conclusão de que, "eu posso estar totalmente no comando de tudo o que se passa dentro de minha consciência, dentro de mim". Então, você se perguntará por que isso não acontece o tempo todo? Você começará a notar as crenças, herdadas e assimiladas na juventude, que já estão "lá dentro" e como está consciente e subconscientemente "apegado" a elas. Crenças não são substâncias químicas, são ideias e conceitos que você deu forma, à medida que "formava" o seu sistema de crenças. Aí, você começa a ver o efeito que o seu apego a esta "programação de crenças" está causando, que é muito sofrimento emocional e confusão, ou para deixar um pouco mais claro... todo o seu estresse e infelicidade!

Só então você pode se interessar o suficiente para começar a desemaranhar conceitos como emoções, sentimentos e estados, não apenas na teoria, mas por sua própria experiência interna de cada um deles. Mais uma vez, praticar quase todo tipo de meditação o levará por esse caminho. Juntamente com isso, a contemplação de suas emoções, sentimentos e estados, servirá para despertar a percepção do que essas palavras e conceitos realmente significam para você, dentro da realidade de... VOCÊ!

Para ajudá-lo em seu caminho há algumas dicas sobre essas três frequentes criações de nossa consciência. Começando com O ESTADO.

Estado de ser

O ser que somos é consciente e ciente. Como você já deve ter notado, geralmente uso a palavra "consciência" para descrever o ser que "eu sou". Às vezes quando alguém está em pânico ou totalmente ansioso, dizemos que essa pessoa está em um estado de total agitação. É outra maneira de dizer que a pessoa parece emocionalmente esgotada com alguma coisa. Assim, podemos usar a palavra "estado" desse modo. De um modo geral, eu a uso não para descrever um distúrbio emocional, mas para descrever os "estados fundamentais" de cada ser, antes de qualquer emoção; estados de ser como o amor, a paz e alegria. Esses são estados de consciência mais "estáveis", livres da perturbação da emoção, antes de qualquer apego.

Em um "estado" amoroso, quando você está sendo amoroso, está em seu estado mais natural de consciência. Você está em paz consigo e doando sua energia. Similarmente, quando usamos a palavra paz, e você está em um estado pacífico internamente, você está em seu estado mais natural. E quando está alegre, não é uma alegria eufórica ou uma alegria extrovertida. Isso é euforia e extroversão, e alegria verdadeira não é euforia. Ela é silenciosa, como uma música sutil em seu coração. A alma está dançando levemente no ritmo do coração! Nesse "estado alegre" você está sendo o seu ser mais natural.

Você "sente" esse estado quando está nele. Mas somente porque não há emoção no meio! A princípio, não é fácil discernir os momentos nos quais você está "sentindo" um estado natural de ser e em quais momentos está sentindo alguma emoção. Mas, gradualmente, com a prática da meditação e contemplação, isso fica mais claro.

Há um grande desafio nisso. Nós esquecemos o verdadeiro significado de amor. Quando usamos a palavra "amor", na maioria das vezes, realmente queremos dizer "apego" e "emoção". E isso gera um problema no trabalho de autoconhecimento. Por isso, é essencial que procuremos o verdadeiro significado de amor em algum momento de nossa vida. Caso contrário, podemos não conhecê-lo completamente, como suspeito ser o caso de muitos.

Boas vibrações

Quando a sua consciência está nesses "estados" de paz, amor ou alegria, é simplesmente a energia que vem de VOCÊ que está vibrando em determinada frequência. Assim, você a "sentirá" primeiro em si mesmo. Ao fazer isso, você será capaz de adaptar essa vibração/sentimento à vontade. Por exemplo, quando você está em um estado amoroso de ser, será capaz de adaptar essa energia de amor para compaixão por uma pessoa, cuidado para outra ou paciência em relação a outra. Você SEN-

TE O ESTADO em que está, e nesse estado, pode conscientemente alterar seu sentimento.

Mas, para fazer isso, para permanecer nesses estados, conseguir alterar seus sentimentos, ajustar a maneira como usa a energia que você é, precisa permanecer livre em sua consciência. Livre, nesse sentido, significa não apegado. Assim que você apega o seu "eu" a alguma coisa, não está mais livre. Então, se aquilo a que você está apegado for danificado ou ameaçado de alguma forma, perderá esse estado fundamental de ser, gerando uma perturbação interna, chamada emoção.

As três emoções principais em nossas vidas são tristeza, medo e raiva. Quando você está criando e sentindo qualquer uma dessas emoções, não está mais em um "estado fundamental" de ser. Seu ser está em um estado lastimável! Que significa um estado emocional. As principais "famílias da emoção" são tristeza, raiva e medo. À medida que exploramos suas muitas formas, as principais causas de cada uma também são reveladas.

1 Tristeza

Tristeza é o que geralmente chamamos de infelicidade. Ela sempre vem com a crença de que perdemos alguma coisa. Às vezes imaginamos que vamos perder algo e nos sentimos tristes antecipadamente! A tristeza é uma consequência da crença em posse e propriedade. Estamos apegados à crença de que as coisas e as pessoas são MINHAS! Assim, ficamos apegados às coisas e pessoas reais! Isso significa que tristeza, ou seja, infelicidade, será inevitável. É por isso que, assim que você sai em busca da felicidade, é certo que vai sofrer de infelicidade. Isso porque buscamos a felicidade fora de nós mesmos, nas coisas e nas pessoas, acreditando que "quando elas forem minhas, eu serei feliz". Mas a verdade é que nada é meu, porque tudo vem e vai. Isso é um fato da vida. É por isso que as lágrimas são sempre o destino certo da "busca" por felicidade.

A emoção de tristeza tem muitas faces.

Melancolia: ouça as músicas mais modernas, especialmente canções de amor, e você ouvirá melancolias variadas por toda a melodia. Muitas vezes, algumas perdas específicas são mencionadas nas letras. Em algumas canções, a tristeza substitui o amor. O amor é cantado de maneira melancólica! Isso é verdadeiramente uma confusão emocional!

Depressão: depois de muitos momentos de tristeza, depois de criar muitas lembranças de tristeza, um hábito profundo e quase permanente de peso se instala em nossa consciência, que chamamos de depressão.

Desapontamento: esta é a tristeza que geralmente vem da crença de que fomos decepcionados. Sempre acreditaremos que os outros nos fazem sentir tristes até percebermos que o outro não é responsável por nossa emoção de tristeza. Somente com esse entendimento conseguimos ficar calmos e contentes quando eles não fizerem o que dizem.

Sentimentalismo: é uma forma de perpetuar o que passou! Uma retrospectiva nostálgica do que passou e uma saudade daquilo que já não existe mais! É um companheiro frequente da nostalgia, que é apego às lembranças de um passado que obviamente não existe mais!

Desesperança: é o resultado de acreditar que já perdi muito e que futuramente haverá ainda mais perda incontrolável. Então, seja qual for o contexto, por que fazer algum esforço.

Impotência: é o resultado de lembrar que não pude fazer nada para impedir perdas no passado e que é provável que aconteça o mesmo no futuro.

2 Medo

Medo é sempre o medo da perda "futura". Nunca é o medo do desconhecido. Você não pode temer o que não conhece. É SEMPRE o medo de perder o que sabe ou o que acredita ter. Se não são coisas tangíveis que tememos perder, são coisas intangíveis. Você pode temer perder sua zona de conforto. Talvez alguém tenha "jogado fora" este livro depois do primeiro capítulo, porque temia que, ao ficar aberto aos *insights* encontrados aqui, pudesse perder as crenças a que está apegado!

O medo assume muitas "formas emocionais" antes de se expressar em nosso comportamento. Aqui estão algumas.

Ansiedade: é o medo de que algo possa ser perdido a qualquer momento! Às vezes, simplesmente não conseguimos entender sobre o porquê estamos ansiosos. Simplesmente tornou-se um hábito criar ansiedade onde quer que estejamos.

Tensão: é semelhante à ansiedade. Há tensão tanto em jogar como em assistir o jogo, porque a partida pode ser perdida.

Preocupação: é o mau uso clássico de nossa imaginação ao visualizamos a perda futura de algo, de alguém ou até de nossa própria vida. Assim, usamos essa imagem de perda futura para distorcer a energia de nossa consciência, de amor para medo.

Pânico: um ataque de pânico geralmente se baseia no medo de termos medo, e de que percamos nosso conforto! Esse é o resultado de criar medo como um hábito, durante muito tempo.

Terror: é o medo extremo associado ao que se imagina ser a perda inerente e cruel da própria vida.

3 Raiva

Raiva é a perturbação que criamos quando acreditamos que outra pessoa é culpada por nossa perda no passado, ou que está no caminho de nossos desejos e, portanto, será responsável por nossa perda imaginária no futuro! Geralmente, a raiva vem após a tristeza, quando projetamos nosso sofrimento em outra pessoa ou em um evento, ambos os quais não podemos controlar. Raiva é a moeda do conflito.

Ela possui muitas faces, incluindo:

Irritação: é raiva surgindo. A meu ver, alguma coisa não está como deveria ser, e isso está começando a ser incômodo!

Frustração: geralmente surge quando as coisas não estão indo exatamente como você quer; as pessoas não estão fazendo exatamente como você orienta.

Ressentimento: é quando nos agarramos a uma indignação fervorosa de um evento ou encontro anterior em que "acreditamos" que fomos feridos ou afetados pelo outro.

Fúria: é obviamente a forma mais extrema de raiva, e geralmente a mais violenta quando levada ao comportamento.

Aborrecimento, rabugice, cólera, rancor, hostilidade, amargura, despeito, aversão, ódio e **desprezo**: todos contêm a raiva como ingrediente principal.

Todas as formas de raiva surgem da crença de que "não estou conseguindo ou mantendo o que quero". Isso é traduzido em nossas cabeças como "você é responsável pela minha infelicidade; portanto, você me machucou". O que, claro, não é verdade. Ninguém jamais o machuca! Talvez eles possam ferir o seu corpo, mas não VOCÊ. Talvez eles machuquem o seu ego, mas não VOCÊ! Somente o entendimento dessa realidade interna pode nos libertar de sermos infectados pela atual epidemia emocional global de tristeza, indignação e medo.

Tudo misturado!

Depois, vêm as "misturas emocionais" que constituem algumas das nossas perturbações mais comuns:

Inveja: é uma mistura de tristeza e ressentimento (raiva). Eu quero o que você tem e estou aborrecido por não estar conseguindo e também por ver que você tem.

Culpa: é uma mistura de tristeza, raiva e medo. Acredito que eu tenha feito algo errado e, portanto, que sou ruim, por isso estou triste por perder minha autoimagem baseada em "Eu sou bom!" Então fico zangado comigo mesmo por ter feito isso. E temo que alguém descubra e, então, perderei minha reputação aos olhos dos outros.

Vergonha: é semelhante à culpa, mas é principalmente uma mistura de tristeza e medo em torno da perda de reputação e do medo do que os outros vão pensar.

Mágoa: é uma mistura de tristeza e raiva novamente; tristeza pela perda de uma zona de conforto ou reputação, e raiva de quem considero responsável. "Você feriu meus sentimentos" é uma ilusão clássica que criamos quando não percebemos que somos os únicos criadores de nossas emoções.

Constrangimento: é uma mistura de tristeza por vergonha/perda de reputação e o medo de que as pessoas vejam e lembrem-se daquele momento, o que facilmente se transforma em raiva da pessoa considerada responsável.

Desespero: é também uma mistura de tristeza e medo; tristeza da perda que chamamos de fracasso e o medo debilitante de que ele continue.

Lembre-se, você "sentirá" cada uma dessas emoções à medida que elas surgirem, à medida que criá-las. Mas ninguém é responsável pela sua criação. Enquanto cada uma dessas emoções estiver ardendo em sua consciência, você será incapaz de escolher e mudar o que sente. É somente quando a emoção desaparece, e não está mais presente em sua consciência, que você pode escolher mudar seus sentimentos. Quanto mais ciente de si mesmo você se tornar, mais verá, sentirá e saberá isso por si mesmo.

Parte CINCO

Renovando sua ENERGIA

Por que nossas tentativas de violar a lei estão nos exaurindo NO *caminho!*

A licitude da consciência!

Você tem energia porque VOCÊ é energia. Como temos nos lembrado, a energia da consciência é o que eu/você/todos nós somos. Enquanto seu corpo pode perder energia, e às vezes tem sentimentos de estar fisicamente esgotado, VOCÊ não pode perder energia, porque não pode perder a si próprio. Tudo de você sempre existe, ou seja, você está sempre aqui!

No entanto, às vezes sentimos o que chamamos de exaustão mental e emocional. Não porque perdemos energia, mas porque a "energia do eu" é bloqueada e distorcida pelos hábitos de apego e ego. Nós então distorcemos ainda mais, ou seja, usamos mal nossa energia criando emoção. Aí surge mais exaustão. É por isso que, depois de qualquer explosão emocional intensa, geralmente precisamos de um descanso para nos acalmar. Mesmo porque as emoções que criamos em nossa consciência também estão afetando a energia física de nosso corpo.

Estar mentalmente cansado, às vezes é chamado de preguiça; estar no limite e ser reativo com os outros, às vezes é chamado de rabugice; estar desanimado e sem vitalidade alguma, às vezes é chamado de tédio; esses são alguns dos muitos sinais de que nossa energia está "travada" e se desviou por velhos padrões e hábitos de nos apegar e emocionar. Como se estivéssemos em uma espécie de estado de sonolência, andando como sonâmbulos por nossa vida. Mas simplesmente não percebemos. Até talvez nos depararmos com alguém mais desperto, cuja energia é consistentemente entusiasmada, brilhante, calorosa e vital. Então nos perguntamos por que não somos assim também!

É a lei!

A razão pela qual sentimos e acreditamos que nossa energia está esgotando é que, sem saber, estamos tentando arduamente violar as leis da consciência. Estas são as leis espirituais que surgem do nosso estado natural de ser, que é entusiasta e amoroso, pacífico e contente. Enquanto os estados-nação criam as leis locais, são nossos "estados naturais de ser" que geram as leis da consciência humana – também conhecidas como leis espirituais. Para realinhar e renovar a energia de nosso ser, a energia do "eu", precisamos estar cientes do porquê e de como estamos inclinados a agir contra essas leis espirituais, e corrigir com cuidado essas inclinações.

TODAS as leis humanas feitas em todo o mundo, independentemente da história, cultura ou contexto, existem porque estamos tentando violar as leis da consciência. Essas leis espirituais "em última instância" não podem ser violadas. No âmago de todo sofrimento e conflito humano, no âmago da desordem e caos estão as nossas repetidas tentativas de violá-las. No entanto, todos nós persistentemente continuamos tentando violar as leis de nossa própria consciência, sem saber que estamos tentando fazer isso! A criação de qualquer apego e consequente ego é em si uma tentativa de violar tais leis. É bem provável que, em algum momento, isso nos leve ao reconhecimento de nosso próprio fracasso consistente e a parar de tentar! Geralmente depende da frequência e intensidade de nosso sofrimento e de quanta infelicidade conseguimos tolerar!

As leis locais

Vivemos pelo que chamamos de leis locais. Pelo menos a maioria de nós, na maior parte do tempo! O propósito dessas leis é manter a ordem e harmonia dentro do coletivo que chamamos de "sociedade". A cada ano parece haver um aumento da "criação de leis", seja na tentativa de controlar uma população cada vez mais indisciplinada ou, nas mentes dos teóricos da conspiração, são "os poucos" tentando obter maior controle sobre o comportamento dos "muitos"! Certamente, parece haver um aumento lento e inexorável na desordem e desarmonia dentro de muitas sociedades em todo o mundo. Tal é a natureza da entropia! Se houvesse uma ordem "natural" e harmonia entre todos nós, como indivíduos, e entre as populações de diferentes países e comunidades, não haveria necessidade de criar e aplicar quaisquer leis. Muito óbvio!

Detenção pacífica!

Se você violar uma das leis da sociedade, a consequência será alguma forma de punição; sofrerá se for pego. A menos, claro, que esteja iluminado o suficiente para ter entendido plenamente que a causa de qualquer sofrimento não é externa (partes um e dois deste livro), e que seja internamente poderoso o suficiente para manter sua paz interior e contentamento durante a detenção! Se você fosse assim iluminado, é provável que não violasse uma lei em primeiro lugar. É a correlação entre violação de leis e sofrimento que nos interessa, à medida que avançamos para as leis da natureza.

Leis naturais

O mundo natural a nossa volta tem suas próprias leis que mantêm o equilíbrio, a ordem e a harmonia. Essas leis são "incorporadas" à substância das muitas formas e sistemas interconectados da natureza. A lei natural mais óbvia é aquela que mantém você em seu assento, neste exato momento: a lei da gravidade. Se, por um momento, você pensasse que poderia desrespeitar a lei da gravidade, ir até o topo do prédio e pular para provar que poderia voar, em cerca de dois segundos e meio você experimentaria muita dor física, caso ainda estivesse consciente!

Observe novamente a correlação entre dor e a tentativa de violar a lei. Como veremos, todo sofrimento humano, em qualquer nível, é o resultado de uma tentativa de burlar a lei em algum lugar do universo físico, mental ou espiritual.

Você é carvão ou diamante?

Permanecendo no universo físico, pegue um pedaço de carvão. Enquanto olha para o carvão, tudo o que você consegue ver é um pedaço de material preto, sujo e com bordas irregulares – um pedaço de matéria física que se desintegra facilmente. Como você deve ter aprendido em sua aula de Física ou Química, com o tempo, esse pedaço feio de matéria se tornará lindo, pelo menos aos olhos humanos. Muitos de nós aprendemos que os diamantes vêm do carvão. Mas não é assim. É uma transformação muito grande. Mas o que ambos têm em comum é o carbono. Eles têm diferentes estruturas de carbono.

As estruturas de carbono dos diamantes são moldadas muito profundamente abaixo do solo, como resultado de duas leis físicas predominantes que existem dentro do ambiente subterrâneo. A primeira lei é a da gravidade, com grandes quantidades de pressão sendo aplicadas aos átomos de carbono. A segunda lei é a da termodinâmica, ou troca de calor. Por um longo período de tempo, essas duas "leis naturais" transformarão a estrutura do carbono em uma rocha, mais dura do que todas as outras rochas.

Nós valorizamos tanto os diamantes, que lhes damos o status de a pedra mais preciosa do mundo. De repente, a partir de um pedaço de matéria de carbono, temos uma peça de material puro, transparente, extremamente duro e inestimável. Ele é capaz de cortar todas as outras substâncias sólidas, dividindo a luz branca pura em todas as cores do espectro. Tal é o poder irrevogável das leis naturais dentro do mundo natural para "transformar" o material do mundo físico.

Usando essas duas formas de carbono como uma metáfora para a consciência, você diria que sua consciência, que é você, é mais como um pedaço de carvão – áspero, escuro, empoeirado, frágil e sujo, ou é mais como um diamante – transparente, limpo, aguçado e extremamente estável, forte e durável? A maioria de nós provavelmente teria de admitir que somos mais parecidos com carvão – um pouco estressados, com pensamentos negativos e às vezes sombrios, um pouco frágeis, ou seja, um pouco sensíveis a comentários de outros, provavelmente um pouco ásperos e emocionalmente instáveis! Não necessariamente nesta ordem!

As leis espirituais

Na sociedade, as leis são feitas pelas pessoas. No mundo físico natural, as leis já estão edificadas na natureza. Dentro da consciência, as leis espirituais também estão "edificadas". Mas elas precisam ser restauradas à nossa percepção e ativadas todos os dias se quisermos ser e viver de acordo com a nossa verdadeira natureza. Então, quais são as leis espirituais específicas, que já existem dentro do ambiente interno de nossa consciência, que transformarão nossa consciência de um estado semelhante ao carvão a um estado de diamante, ou seja, a um estado transparente, estável, poderoso, durável e belo? Quais são as leis espirituais que, sem saber, tentamos burlar, garantindo assim que nossa consciência permaneça mais semelhante a carvão? E como vamos saber quando estamos tentando violar essas leis? Quais são os sinais?

Percepção é a chave

Antes de identificarmos e explorarmos cada lei e seu efeito transformador, vamos falar sobre "percepção". Ao estar "em harmonia" com cada uma das leis você estará em um determinado "estado de percepção", e tudo estará bem "dentro de você". Você também será visto e sentido pelos outros como calmo e pacífico, reconhecido como aberto e honesto, apreciado pelos outros por sua natureza amorosa e compassiva. Isso significa que haverá uma ordem natural e harmonia dentro de você, o ser consciente. Você "sentirá" seu ser em paz, contente e amoroso com os outros! Mas se você tentar violar qualquer uma das leis da consciência, perderá essa "percepção". Transtorno e caos vão reinar "dentro" de você, e se "sentirá" sem paz, possivelmente triste, certamente amedrontado e provavelmente irritado com os outros e com a vida ao seu redor. Esses são os sintomas clássicos de "sofrimento" e também são os sinais de que você está tentando violar uma lei espiritual.

Revelando as leis espirituais a si mesmo

É aqui onde as coisas se tornam um pouco mais profundas e ainda mais sutis. Ao explorarmos as leis espirituais da consciência identificaremos a percepção exata que lhe diz se você está em harmonia com cada uma das leis espirituais. Vale a pena contemplar cada "lei" e sua "percepção" correspondente. Só então você "verá e entenderá" por si mesmo. Caso contrário, serão apenas mais ideias na página que parecem interessantes/brilhantes /úteis, mas não farão muita diferença no modo como você é, na maneira como você vive ou sente, até que você entenda por si mesmo.

Ao poluirmos a atmosfera física do mundo, estamos roubando o estado natural e harmonioso da natureza. É, em certo sentido, um ato contra as leis que mantêm a harmonia do mundo natural. A natureza acabará por nos informar, criando desarmonia na forma de perturbações extremas em seus padrões climáticos ou no colapso de algumas partes do ecossistema. Similarmente, dentro de nossa consciência, ao poluirmos nosso estado natural de consciência, em outras palavras, ao nos apegarmos e identificarmos a nós mesmos com algo que não somos, nossa natureza nos deixará saber, criando desarmonia interna na forma de uma perturbação chamada emoção.

Ao explorarmos as leis do espírito, veremos o que, sem saber, fazemos para tentar burlar a lei e a influência específica do ego. Identificaremos a natureza exata do "*feedback* emocional" que receberemos de nosso próprio ser, enquanto tentamos violar cada lei. Ao passar lentamente por cada uma das leis, e à percepção relativa a estar em harmonia com cada uma delas, reserve um tempo para contemplação a fim de ver por si mesmo. Existem sete "leis primárias da consciência" dentro do ser espiritual que você é: as leis do tempo, propósito, identidade, silêncio, paz, amor, felicidade. Primeiro, identificamos a "percepção" que corresponde a cada lei.

VOCÊ é um infrator de leis ou um criador de leis?

1 A LEI espiritual do TEMPO

Quando estiver em harmonia com a Lei do Tempo, estará CIENTE *de sua própria "*ETERNIDADE*".*

Você estará ciente de si mesmo como um ser eterno, além da passagem do tempo, que é simbolizada pelas mudanças no mundo material a sua volta e nos inteligentes aparelhos de medição que são os relógios! Você estará ciente da transitoriedade de tudo e de todos ao seu redor, enquanto estando ciente da permanência de si mesmo, do "eu" que diz "eu sou". Essa percepção, que é restaurada com a prática da meditação, torna-se "real" quando há entendimento de si mesmo. O desafio, claro, é manter essa percepção no nosso dia a dia, momento a momento, no mundo.

2 A LEI espiritual do PROPÓSITO

Quando estiver em harmonia com a Lei do Propósito, você estará CIENTE *de estar aqui como um criador, para ser* CRIATIVO.

Você estará ciente de si mesmo como um "criador principal". Você estará ciente de que o propósito central de viver neste mundo – que é o seu relacionamento com a matéria e outras almas encarnadas – é ser criativo. Você estará ciente de que está aqui para criar sua vida nas dimensões de tempo, espaço e matéria. Assim como a semente de uma flor está adormecida até ser colocada no solo, é como se fôssemos seres de energia espiritual adormecidos, até ocuparmos e animarmos a forma de nosso corpo. Uma vez no solo, a semente cria e expressa sua forma e fragrância, que compartilha com o mundo à medida que ela se torna uma flor. Similarmente, "criamos" nosso caráter, e depois compartilhamos a fragrância de nossa personalidade com aqueles a nossa volta, através da forma material que chamamos de corpo. Também começamos a "brincar" com a matéria, além de nosso corpo e, ao fazermos isso, criamos e cocriamos nossa vida. Isso não é tão fácil de perceber se tivermos sido condicionados fora da percepção de sermos criadores e dentro da mentalidade de sermos produtores/consumidores, como a maioria de nós foi.

Antes de passar para a próxima página, vá para a coluna 2 abaixo, reserve alguns momentos para refletir e veja se você pode "ver" qual seria a sua "percepção" quando estivesse "em harmonia" com cada uma das outras cinco leis espirituais. Então vá para a próxima página e veja se concordamos!

Lei espiritual	Percepção
Lei do TEMPO	Percepção de sua própria ETERNIDADE.
Lei do PROPÓSITO	Percepção de que estou aqui para CRIAR.
Lei da IDENTIDADE	Percepção de...
Lei do SILÊNCIO	Percepção de meu...
Lei do AMOR	Percepção de...
Lei da PAZ	Percepção de...
Lei da FELICIDADE	Percepção de...

3 A LEI espiritual de IDENTIDADE

Ao estar em harmonia com a Lei de Identidade, você estará CIENTE de si mesmo como o "eu" que diz "eu sou", ou seja, um SER sem identidade mundana.

Seu senso de identidade não será baseado em seu corpo ou em qualquer um dos rótulos materiais que damos ao nosso corpo, como nacionalidade, raça, religião, classe, gênero etc. Você estará ciente de si mesmo como um ser de consciência que está animando a forma/corpo que ocupa. Enquanto criando uma identidade, e talvez várias identidades, com o propósito de interagir com outras pessoas no mundo, você estaria ciente de que nenhuma dessas identidades é VOCÊ! Portanto, você seria sem ego. Você seria capaz de "brincar com" essas identidades "mundanas" para operar no mundo. Mas internamente você estaria bem ciente de sua liberdade interior, como alguém sem identidade intrínseca!

4 A LEI espiritual do SILÊNCIO

Ao estar em harmonia com a Lei do Silêncio, você estará CIENTE de seu PODER ilimitado e infinito.

Você estará ciente de si mesmo como energia concentrada e pura. Você não "pensa nisso", mas apenas está ciente disso! Em seu relacionamento com o mundo material você estará ciente de sua capacidade de usar seu poder interior para manifestar sua vida no mundo. No entanto, você também estará em um estado sem desejos, tendo entendido que não depende das energias materiais do mundo para o seu estado de ser. Você será capaz de aquietar sua mente quando quiser. Todas as memórias estariam imersas dentro de você e, ainda assim, acessíveis a qualquer momento. Nada fora de si mesmo seria capaz de trazê-las aleatoriamente para a sua consciência. Estará ciente de que tudo o que "surge" dentro de você é moldado pela realidade de sua verdadeira natureza por detrás de tudo, que é infinitamente pacífica e uma fonte ilimitada de amor.

5 A LEI espiritual da PAZ

Ao estar em harmonia com a Lei da Paz, você estará CIENTE *de sua* PUREZA.

Pureza não significa ser puritano. Pureza significa que, ao usar o olho interior de seu intelecto, você está ciente de sua clareza absoluta para discernir realidade de ilusão, autêntico do inautêntico. Você imediatamente identificará qualquer coisa que seja falsa, tanto nas intenções e comportamentos dos outros, quanto no próprio mundo. Você será intocável e, portanto, imperturbável por qualquer coisa que aconteça ao seu redor, sendo capaz de responder com benevolência a todos que o encontram.

6 A LEI espiritual do AMOR

Ao estar em harmonia com a Lei do Amor, você estará CIENTE *da* UNICIDADE *inquebrável de todas as coisas em todos os níveis, o tempo todo, a despeito da "aparente" fragmentação e separação.*

Onde há a luz do amor, há união ou unicidade. Quando você está ciente da UNICIDADE de todos e de cada uma das coisas, "o todo" é mantido e visto dentro da consciência como Um. Há uma percepção de uma coisa só pelo espaço e tempo. Você está ciente de sua conexão íntima com "o todo".

7 A LEI espiritual da FELICIDADE

Ao estar em harmonia com a Lei da Felicidade, você estará CIENTE *de sua* LIBERDADE.

Você realmente sentirá que é um espírito livre, sem fardo ou barreira, sem limitação ou restrição. Você não pensará "eu sou livre", você simplesmente será a personificação da liberdade – aberto, despretensioso e transparente. A mais pura alegria surge naturalmente do âmago de seu ser.

Lei espiritual	Percepção
Lei do TEMPO	Percepção de sua própria ETERNIDADE.
Lei do PROPÓSITO	Percepção de que estou aqui para CRIAR.
Lei da IDENTIDADE	Percepção de SI mesmo como ESPÍRITO ou NINGUÉM!
Lei do SILÊNCIO	Percepção de seu PODER.
Lei do AMOR	Percepção da UNIDADE/UNICIDADE.
Lei da PAZ	Percepção de sua PUREZA.
Lei da FELICIDADE	Percepção de sua LIBERDADE.

Como tentamos violar as leis do espírito

Qualquer sinal de sofrimento, ou seja, qualquer forma ou nível de infelicidade é um sinal de que você está tentando violar uma ou muitas leis espirituais naturais da consciência. Todos os dias, você fará muitas coisas que demonstram que você está tentando violar uma e, geralmente, todas as leis espirituais! Por exemplo:

1 A LEI espiritual de TEMPO

Ao estar em harmonia com a Lei do Tempo, VOCÊ estará CIENTE de sua própria "ETERNIDADE".

Mas o que você faz muitas vezes ao dia que mostra que perdeu a percepção de sua própria eternidade e, portanto, está tentando "violar a lei"?

Você olha para o relógio e acredita que ele está lhe dizendo a hora! Mas o tempo não é encontrado na face de um relógio. Os relógios são simplesmente máquinas engenhosas que inventamos na tentativa de medir o espaço entre nossas experiências, que é essencialmente o espaço entre os eventos percebidos no mundo. Para um ser, em sua percepção natural e atemporal, o uso do relógio é apenas uma ferramenta conveniente para organizar a atenção e a energia no contexto das relações corpóreas e das tarefas do dia!

O que o EGO diz a fim de fazer você tentar violar a lei do tempo?

Ele diz: "Apresse-se ou você ficará sem tempo (apego à imagem de que as coisas sejam feitas por um determinado tempo do relógio). Se você puder fazer isso mais rápido, economizará tempo (apego à ideia de ter mais tempo para outras coisas). Haverá mais tempo amanhã, então deixe isso para depois (apego à ideia de que eu posso/deveria fazer outra coisa neste momento agora)".

O que você SENTE como resultado?

A emoção de medo, na forma de sentimentos de estar sendo compelido, de estar estressado, pressionado, em pânico.

Lembre-se, qualquer sinal de sofrimento (mental/emocional) ou desconforto é um sinal de que está tentando desrespeitar uma lei espiritual que existe dentro de você. Por quê? Sua verdadeira natureza define as leis do espírito e sua verdadeira natureza é pacífica, estável, amorosa e alegre. Sua verdadeira natureza é destemida, sem tristeza e sem raiva... por assim dizer! Todos nós aprendemos a agir contra nossa natureza, o que é uma tentativa de violar a lei. Criar EGO (apego e identificação com uma imagem mental) é o "ato primário" contra a verdadeira natureza de sua consciência. É "o" erro que todos aprendemos a fazer. Daí o sentimento de desconforto e sofrimento (emoção), que é o sinal de que você está tentando violar uma lei espiritual (um ato contra sua natureza). Ele está lhe dizendo que você perdeu sua capacidade de ser VOCÊ mesmo e, portanto, há uma perda de percepção de sua própria eternidade.

2 A LEI espiritual do PROPÓSITO

Ao estar em harmonia com a Lei do Propósito, você estará CIENTE de sua capacidade CRIATIVA.

Mas o que você faz muitas vezes ao dia, que demonstra que perdeu a percepção da sua capacidade criativa?

Você fica "impressionado" com a criatividade de outras pessoas. Você se submete à criatividade delas e absorve sua criação. Você pode até adorar/idolatrar o que foi criado pelos outros.

Você permitirá que as criações de outros influenciem seu estado de ser e, portanto, seus sentimentos. Ir ao cinema e assistir TV são as formas mais comuns pelas quais nos impressionamos e nos submetemos diante da criatividade dos outros, e então usamos as ideias e as imagens deles para moldar a nós mesmos e ditar as emoções que sentimos.

O que o EGO *diz para que você tente violar a lei?*

Ele gera pensamentos e diz coisas como: "Eu não sou criativo como eles. Eu não poderia fazer aquilo. Eu não sou bom o suficiente. Eles são o máximo, ao contrário de mim. Não é incrível aquilo? É impressionante!"

E o que você SENTE *como resultado?*

Inadequação, pequenez, baixa autoestima, incapacidade. Você vai criar e sentir as emoções de tristeza (com a perda de valor pessoal), frustração (por ser menos que os outros) e ansiedade (de que isso possa continuar).

O segredo aqui é "não ficar impressionado" com nada, nem com ninguém. Ao ficar impressionado, você está "recebendo" daquilo que permite que o impressione. Em tais momentos, você pega a criação "deles" e a usa para moldar sua consciência, enquanto mentalmente se apega à criação de outros. Ao ter despertado para quem realmente é, ao ter entendido plenamente sua própria capacidade criativa, você "aprecia e aplaude" a criação dos outros; e, assim, você está "doando à" criação deles. Em tais momentos, você tem o domínio de sua consciência, enquanto "cria" e distribui sua energia na forma de apreciação e bênçãos. Percebe a diferença?

Reserve alguns momentos para refletir sobre suas próprias experiências e veja se consegue preencher, na próxima página, as outras cinco, de um modo similar.

1 **Lei espiritual**	2 **Percepção**	3 **O que fazemos na tentativa de violar a lei**	4 **Por que tentamos violar a lei**	5 **O que "sentimos" quando tentamos violar a lei**
Lei do Tempo	Percepção de sua própria ETERNIDADE.	Ficamos olhando para o relógio verificando as horas.	O Ego faz surgir a ilusão de que o tempo está passando, que você pode estar perdendo tempo, mas caso se apresse, poderá poupar tempo!	Pressa, pânico, estresse.
Lei do Propósito	Percepção de que estou aqui para CRIAR.	Admiramos, absorvemos e nos submetemos à criação dos outros; *e. g.*, entretenimento.	O Ego dá origem à ilusão de que… não sou criativo.	Pequenez, inadequação, incapacidade e baixa autoestima.
Lei de Identidade	Percepção de SI como ESPÍRITO.		O Ego dá origem à ilusão de que…	
Lei do Silêncio	Percepção do seu PODER.		O Ego dá origem à ilusão de que…	
Lei do Amor	Percepção da UNIDADE.		O Ego dá origem à ilusão de que…	
Lei da Paz	Percepção de sua PUREZA.		O Ego dá origem à ilusão de que…	
Lei da Felicidade	Percepção de sua LIBERDADE.		O Ego dá origem à ilusão de que…	

3 A LEI espiritual de IDENTIDADE

Ao estar em harmonia com a Lei da Identidade, VOCÊ estará CIENTE de si mesmo apenas como o "eu" que diz "eu sou", um SER sem qualquer identidade mundana. A própria percepção pura!

Mas o que você faz muitas vezes ao dia que demonstra que está tentando desrespeitar a Lei da Identidade?

Você olha no espelho, para o reflexo do corpo que ocupa, acreditando que aquilo é você. Você o maquia, coloca creme nele, o aperta, espreme, o faz emagrecer (talvez não muitas vezes por dia!) acreditando que está cuidando de si mesmo. Você se preocupa com sua aparência física aos olhos dos outros. Você se torna "consciente do corpo".

E o que o EGO diz para encorajá-lo a violar a lei?

Ele diz coisas como "Eu sou esse corpo. Esse corpo não tem uma aparência muito boa. Eu preciso fazer algo com essa aparência física para me sentir melhor. Eu preciso me embelezar vestindo/enfeitando/arrumando meu corpo". Todas são formas de apego e identificação com a forma que ocupamos e animamos. Essa é a origem de todos os outros apegos e faces do ego.

E o que você SENTE como resultado?

Baixa autoestima, insegurança, ansiedade e talvez uma aversão oscilante de si mesmo. Surgirão emoções de tristeza (com a perda de aparência/beleza) e medo (com a perspectiva de continuar a decadência e a inevitável morte!), uma vez que você acredita estar perdendo sua "aparência", vigor ou saúde.

Seu corpo pode estar perdendo alguma coisa, mas VOCÊ não está!

4 A LEI espiritual do SILÊNCIO

Ao estar em harmonia com a Lei do Silêncio, você estará CIENTE de seu PODER ilimitado e infinito.

Mas o que você faz muitas vezes ao dia que demonstra que está tentando violar a Lei do Silêncio?

Você pensa demais e tem pensamentos contrários à sua verdadeira natureza. O barulho do pensamento mascara e dissipa o poder de seu silêncio. Ao estar muito ocupada, sua mente mascara a quietude do coração de seu ser. Pensar demais é um dos sinais de estimulação excessiva. À medida que recebemos o mundo à nossa volta pelos nossos sentidos, criamos demasiados pensamentos desnecessários sobre o que está acontecendo "lá fora". Quando acreditamos que somos apenas um corpo, nós nos vemos como pequenos, contra o pano de fundo daquele grande mundo, cheio de pessoas ampliadas pela mídia "lá de fora". Então começamos a ter pensamentos sobre nós mesmos e quão deficientes e incapazes somos comparados a "eles". Sentimos que estamos longe de sermos poderosos. Mesmo aqueles que falam e olham como se fossem confiantes, capazes e poderosos, geralmente têm pensamentos semelhantes internamente, por detrás de sua máscara. Eles são bons em disfarçar ou estão tentando impressionar os outros no mundo, acreditando que esse seja o caminho para o sucesso e a felicidade. Eles estão tentando ser alguém! Todos nós aprendemos que é importante tentar "ser alguém". Mas não percebemos que geralmente esse é o momento em que começamos a esquecer como ser nós mesmos!

Tudo isso leva a sentimentos não naturais de limitação e inadequação, sentimentos de impotência e desamparo. Daí a eficácia de alguma forma de prática espiritual e estudo espiritual. Essas práticas diminuem a velocidade de seu pensamento e sentimento e os aprofunda. Elas despertam a verdade e a beleza de dentro de você. Aos poucos você começa a utilizar seus recursos internos, seu poder interior, ao romper sua dependência a fontes externas de estímulo. Por fim, você dominará sua consciência o suficiente para ficar quieto e silencioso. Mas isso não pode ser feito à força, e sim ao entender que mesmo estando "dentro" deste corpo físico, "dentro" deste mundo material, você não é "deste" mundo!

Então, por que frequentemente perdemos a percepção de nosso poder infinito?

Porque o EGO diz: "Eu preciso pensar sobre isso. Isso é uma preocupação... isso precisa ser pensado... Eu não tenho certeza sobre isso... Isso pode ter implicações negativas em minha vida... Eu preciso ser mais, fazer mais, alcançar mais... do que isso". E muitos outros padrões de pensamento que desencadeiam a criação de emoção.

E o que você SENTE: muitas dúvidas, cansaço mental, frustração, incerteza, fraqueza. As emoções de tristeza (com a perda da capacidade de responder com uma atitude aberta e ilimitada) e frustração (pela incapacidade de ser claro e resoluto) estarão sempre no plano de fundo.

5 A LEI espiritual da PAZ

Ao estar em harmonia com a lei da paz, você estará CIENTE de sua PUREZA.

Mas o que você faz muitas vezes ao dia que demonstra que está tentando violar a Lei da Paz? Você torna a si mesmo sem paz ao absorver e recriar em sua mente ideias e imagens violentas e sombrias. Assim você as empodera para moldarem seus sentimentos.

Imagine um lago de água pura. Ele está calmo, parado e claro. Você pode ver muito bem o fundo dele. Mas, há uma fábrica na colina acima. O efluente da fábrica desce a colina e se adentra na água. Ela começa a ficar turva, talvez até mesmo "efervescente", já que muitas toxinas poluem a água. A pureza é perdida e a água torna-se turva e agitada. Um "estado de ser" verdadeiramente pacífico é puro e não tem nada de sombrio ou negativo dentro dele para obscurecer a consciência, nada tóxico que perturbe sua quietude ou sua capacidade de se concentrar e focar.

Mas o EGO diz: "Eles são pessoas ruins", enquanto critica os outros. "Este dia está terrível", enquanto se queixa do tempo. "A violência neste filme é impressionante", enquanto estimulamos nossa consciência com imagens violentas e chamamos isso de relaxamento. Nosso ego consome e cria imagens e ideias negativas e, ao fazê-lo, ele polui a consciência. A pureza da consciência e, portanto, a paz interior de nosso ser, é perdida.

E o que você SENTE: agitação, irritação e cansaço, enquanto diariamente surgem as emoções de tristeza (perda da paz), medo (de que o nosso sofrimento possa continuar) e consequente raiva, como ressentimento dos outros, enquanto projetamos a culpa de nossa infelicidade sobre outras pessoas do mundo a nossa volta.

6 A LEI espiritual do AMOR

Ao estar em harmonia com a lei do amor, você estará ciente da UNIDADE infinita e ininterrupta de todas as coisas, em todos os níveis, apesar da fragmentação e separação "aparentes".

Mas o que você faz muitas vezes ao dia que demonstra que está tentando violar a Lei do Amor?

Você fica apegado a fragmentos do "todo". Você vê as coisas de maneira fragmentada. Sua percepção separa tudo e todos de tudo e de todos. Há sempre um "nós" e "eles". Você tem o desejo de se separar e ficar sozinho, para evitar outras pessoas ou estar "somente" com alguém que escolha.

Essa visão de unidade, esta percepção de unicidade, não é fácil de ser restaurada, uma vez que todo o nosso condicionamento nos afastou dessa percepção. Nós nos afastamos muito do verdadeiro significado do amor e da percepção que surge de um estado amoroso. Em vez disso, tendemos a manter a ideia de amor em associação apenas com relacionamentos exclusivos, íntimos, românticos, mas separados. A maioria dos nossos comportamentos aprendidos tem suas raízes no ego e, portanto, são contrários a um estado amoroso de ser e fazer, por exemplo, criticar, reclamar, ressentir-se, ignorar, culpar, rejeitar, são apenas alguns. Por quê?

Porque o EGO diz: "Eu sou separado. Eu tenho de ser diferente. Estou sozinho aqui. Eles são diferentes e separados. Eles não são bons. Eu sou melhor do que eles ou sou menos do que eles. Eu preciso corrigi-los para que eles não me afetem. Eu preciso ser alguém para me destacar dentre essas muitas pessoas".

E o que você SENTE: solidão, isolamento, fragmentação e futilidade pela perda de conexão; raiva quando os outros retribuem a sua não aceitação deles e também não o aceitam; medo de que isso possa continuar e que você possa estar sempre separado e sozinho, mesmo estando em meio a uma multidão!

7 A LEI espiritual da FELICIDADE

Ao estar em harmonia com a lei da felicidade, você estará CIENTE de sua LIBERDADE absoluta.

Mas o que você faz muitas vezes ao dia que demonstra que está tentando violar a lei da felicidade?

Você se apega mentalmente às imagens das coisas, pessoas, lugares e memórias. Como vimos, todo apego conduz a algum tipo de sofrimento, que é infelicidade. Quando você está apegado a alguma coisa ou a alguém, está essencialmente "preso" ao objeto de seu apego. Então, apontamos o dedo da culpa para os outros pelo que sentimos, quando o objeto de nosso apego é ameaçado ou removido.

O EGO diz: "Você precisa disso e tem de ter isso. Você precisa deles e tem de estar com eles. Você é meu. Isso é meu. Isso será meu, e enquanto isso eu agirei como se fosse meu!".

E como você se SENTE: escravizado, preso, vitimizado, às vezes perseguido e quase sempre ameaçado. Mesmo ao ter acumulado muita coisa material, você ainda sente um vazio interior. Haverá frequentes momentos de tristeza quando perder sua liberdade daquilo que você acredita que possui, mas é provável que não faça a conexão! Frequentes acessos de raiva pelas ações das pessoas que você considera responsáveis por lhe negar o que você quer, ou que você acha que são responsáveis por qualquer perda. E medo de que tudo aquilo a que se apegou e ficou dependente será perdido ou tirado de você. Todas elas são formas comuns de infelicidade!

Essas leis espirituais existem dentro da consciência de todo ser humano. Elas surgem de nosso estado natural e original de ser. Elas são nosso estado natural de ser. Todas as nossas leis sociais tornam-se necessárias somente porque nos esquecemos de como ser o nosso "eu" verdadeiro e natural. Quando violamos essas leis espirituais, criamos violência dentro de nós mesmos, a qual então migra para nossas interações. Daí a necessidade de leis dentro da sociedade para manter a paz e a harmonia entre as pessoas.

No mundo, as leis são feitas e aplicadas pelo Estado. Na consciência, as leis surgem naturalmente do seu estado (de ser). Em ambos os casos, as leis são violadas quando nos esquecemos de algo ou quando queremos muito algo. A recompensa por violar as leis da sociedade e as leis da consciência será a mesma. Sofrimento em uma de suas muitas formas.

1 **Lei espiritual**	2 **Percepção**	3 **O que fazemos na tentativa de violar a lei**	4 **Por que tentamos violar a lei**	5 **O que "sentimos" quando tentamos violar a lei**
Lei do Tempo	Percepção de sua própria ETERNIDADE.	Ficamos olhando para o relógio verificando as horas.	O Ego faz surgir a ilusão de que o tempo está passando, que você pode perder tempo, mas caso se apresse, poderá poupar tempo!	Pressa, pânico, estresse.
Lei do Propósito	Percepção de que estou aqui para CRIAR.	Admiramos, absorvemos e nos submetemos à criação dos outros; *e. g.*, entretenimento.	O Ego dá origem à ilusão de que... não sou criativo.	Pequenez, inadequação, incapacidade e baixa autoestima.
Lei de Identidade	Percepção de SI como ESPÍRITO.	Olhamos no espelho e acreditamos que eu sou o que vejo – decore o seu corpo!	O Ego dá origem à ilusão de que... sou apenas um corpo.	Ansiedade (envelhecimento), preocupação (o que o outro pode pensar de você), baixa autoestima.
Lei do Silêncio	Percepção do seu PODER.	Pensamos demais, pensamos excessivamente, pensamos de forma analítica.	O Ego dá origem à ilusão de que... preciso pensar nisso.	Cansaço, futilidade, confusão.

1 **Lei espiritual**	2 **Percepção**	3 **O que fazemos na tentativa de violar a lei**	4 **Por que tentamos violar a lei**	5 **O que "sentimos" quando tentamos violar a lei**
Lei do Amor	Percepção da UNIDADE.	Separamos nós mesmos.	O Ego dá origem à ilusão de que… preciso ficar sozinho.	Isolamento, solidão.
Lei da Paz	Percepção de sua PUREZA.	Absorvemos e criamos ideias e imagens sombrias e violentas.	O Ego dá origem à ilusão de que… é relaxante, é um alívio, é divertido.	Agitação, exaustão e falta de paz.
Lei da Felicidade	Percepção de sua LIBERDADE.	Culpamos outros pelo que sentimos. Ficamos apegados a... qualquer coisa.	O ego dá origem à ilusão de que… eles são responsáveis por meus sentimentos. Isso é meu, eles são meus.	Aprisionamento, escravidão e medo de perdas.

Simplesmente uma descrição de você!

Para muitos, o processo de ver e entender como a "lei espiritual" tem origem dentro do "eu" pode ser um pouco sutil demais, e talvez um pouco complexo demais! Mas se puder vislumbrar cada um dos aspectos acima da consciência, poderá ver que cada uma dessas leis, em última análise, não está separada dentro de você. Nós somente as separamos aqui para explicar e perceber. Juntas, elas são como uma matriz dentro do nosso ser. Elas estão todas conectadas. Todas elas são variações da vibração que cada um de nós pode criar dentro da energia de nossa consciência. Quando visto como tal, você pode ter um vislumbre de sua própria beleza neste nível espiritual mais profundo. Elas são como fios dentro de sua consciência que formam a tapeçaria da beleza interior de seu ser.

À medida que você melhora sua capacidade de ver todas as conexões e implicações de cada lei, por meio de práticas como meditação e contemplação, tente ocasionalmente colocar sua atenção no que tudo isso revela. Isso lhe dá uma descrição essencial, e ao mesmo tempo espiritual, de si mesmo, um perfil sutil, porém simples de si mesmo, que você pode usar para lembrar-se de seu... verdadeiro "eu". Tudo isso pinta um quadro da beleza espiritual que você traz para este mundo.

As breves afirmações espirituais a seguir vêm das leis do espírito. Coloque-as em uma página de seu caderno ou diário e dê uma olhada de vez em quando para se lembrar de seu "eu" verdadeiro, usando o seguinte:

Eu sou eterno.	Eu sou um criador.	Eu sou um espírito.
Eu sou infinito.	Eu sou poder.	Eu sou paz.
Eu sou conectado.	Eu sou amor.	Eu sou livre.
Eu sou contente.	Eu sou luz.	Eu sou percepção.

Sim, são apenas palavras, e palavras só podem apontar. Elas apontam para um estado de ser, um estado de consciência, que é um aspecto de sua verdadeira natureza como um ser de energia espiritual. Se você seguir a direção a que elas apontam, *i. e.*, para si mesmo, e verificar se pode criar e "ficar" nesses estados, provavelmente descobrirá que, ao fazer isso, não conseguirá mantê-los por muito tempo, no início. E a essa altura, caso esteja interessado, provavelmente se perguntará por quê? E a próxima pergunta será o que está me impedindo de "ficar" e conhecer esses estados? O que está NO caminho?

Você é um cientista e o laboratório é sua consciência. Você está conduzindo experimentos sobre o que acontece quando segue as sinalizações representadas pelas palavras acima, pelos "Eu SOU" mencionados acima!

Misture-os, encontre a melhor ordem, brinque com eles, pergunte a si mesmo: o que eles significam para mim? Se você sentir que não gosta de qualquer um deles, vá em busca do apego, da face particular do ego, que está sabotando seu estado de ser.

Pacientemente, deixe essas características originais e eternas do seu "eu" autêntico surgirem como estados de percepção, dentro de você. No entanto, tenha cuidado para não criar conceitos sobre eles e depois se identificar com os conceitos! Isso então seria o ego puxando outra de suas façanhas!

Seu estado de veracidade

As leis espirituais surgem do seu estado eterno, original e verdadeiro de ser. É um estado que existia antes de ser infectado pelo vírus do apego e pelo nascimento de nosso antigo e tóxico companheiro, o ego. As leis espirituais existem dentro de você e surgem de você! Elas descrevem você como você é, em seu estado original e eterno de ser! Elas são a sua verdade. Quando você está em seu estado natural de ser, que poderia ser descrito como pacífico, amoroso e contente, você está no que poderíamos chamar de seu estado de "veracidade". É por isso que a "verdade" é um estado de ser e não um conjunto de palavras, ideias, teorias ou filosofias.

Verdade é aquilo que nunca muda, aquilo que é eterno. É você, novamente! Não a sua personalidade, essa é sua criação, e ela muda. Mas, "você", o ser que é anterior aos pensamentos e sentimentos, memórias e percepções, anterior à sua criação, não muda!

Enquanto seu estado de ser muda em sua própria vibração, o que significa que suas intenções, pensamentos e sentimentos mudam, você não muda. Isso parece uma contradição. Vamos repetir. Enquanto seus estados de ser podem mudar, você não muda. Você é o ser. Então pensaria que muda. Bem, você muda, mas não muda! O que nunca muda é a sua capacidade de estar em seu estado mais verdadeiro. E é como se esse estado mais elevado, que também é o seu estado original, sempre existisse dentro de você! Essa capacidade de estar em seu estado mais verdadeiro ou mais puro nunca pode ser tirada de você. Em outras palavras, isso não pode mudar. Assim como você é o ser que pode criar qualquer estado, é o ser que tem a "capacidade". Os estados de ser podem mudar, mas sua capacidade, que é essencialmente você, não muda. Então, em certo sentido, você é os dois, você e sua capacidade!

Pense em uma esponja. Ela começa limpa, poderíamos dizer pura, definitivamente diríamos vazia, com exceção de si mesma! Ela tem uma capacidade tremenda. Quando você limpa qualquer coisa, desde as bancadas da cozinha até um carro, ela absorve e fica cheia de líquido, e todas as várias substâncias, germes e bactérias. Ela perde a sua limpeza e pureza. Se a esponja tivesse percepção de si mesma e pudesse pensar, ela até poderia pensar: "Estou cheia de...!"

Imagine por um momento que a esponja tenha autopercepção. Quando ela está cheia de... coisas, ela se esquece que é uma esponja e perde a percepção de sua capacidade. Em vez disso, ela começa a pensar que ela É o material que absorveu. Em essência, ela aprende a acreditar que ela própria é o lixo que acumulou ao passar pela mesa, pelo carro ou pelo chão da cozinha. É fato que a esponja terá uma crise de identidade! Estou certo de que você sabe aonde quero chegar com isso!

A capacidade do vazio

Então você limpa a esponja, segurando-a sob um fluxo de água corrente. Você a deixa descansar e, ao secar, ela fica limpa e vazia, retornando ao seu estado puro e natural. Ela quase não pesa nada, assim como as novas esponjas, e ela é uma esponja livre novamente... por assim dizer! Ela é uma esponja com grande capacidade, que é definida pelo seu vazio. Ela é uma esponja E ela é a sua própria capacidade.

Essa é uma metáfora perfeita para a consciência, para você e para mim. Em nosso estado puro e natural, somos limpos e vazios de tudo e de qualquer coisa tóxica. Não estamos apegados a nada. Não temos ego, porque não estamos nos identificando com nada que não somos. Não há quaisquer lembranças de tristeza, medo, mágoa e dor. Estamos vazios, mas tão leves! Porém com uma tremenda capacidade de absorver quaisquer experiências que criamos à medida que nos deparamos e interagimos com os outros e com o mundo. Infelizmente, absorvemos as visões e sons do mundo e memorizamos nossas criações como resposta ao mundo. Continuamos absorvendo sem liberar, sem limpar, sem esvaziar nosso ser. Nossa capacidade não é apenas usada, ela está sendo usada para "segurar" ideias, imagens, lembranças, hábitos que são como toxinas para a alma. Não só isso, começamos a nos agarrar a essas ideias/imagens e as usamos para construir nosso senso de identidade.

Até um fatídico dia em que simplesmente não conseguimos mais assimilar nem reter nada mais. Ficamos tão confusos sobre quem somos; que ideia, imagem, conceito deveríamos usar para basear nosso senso de identidade hoje, neste momento? Talvez este, talvez aquele! Desenvolvemos nossa própria crise de identidade à medida que saltamos entre múltiplas identidades, e isso nos deixa loucos. De repente, dentro de nossa crise de identidade, também sentimos um tipo de vazio, apesar de nossa consciência estar cheia, e segurando tanta coisa! Enquanto sentimos esse tipo de vazio, simplesmente não conseguimos assimilar, tolerar ou processar mais nada!

Vazio é igual a cheio!

É um paradoxo para nossas mentes racionais que, para restaurar nosso senso de completude, nossa plenitude, precisamos esvaziar nosso "eu"! Precisamos limpar e libertar a nós mesmos de tudo o que juntamos, todas as memórias e experiências, a fim de restaurar nossa capacidade e, portanto, redescobrir e recuperar "quem eu realmente sou"!

Então, um dia, depois de uma limpeza interior, temos um *insight*. Eu sou simplesmente a própria consciência. Eu não tenho identidade mundana. Meu corpo sim, mas "eu" não! Eu sou a própria criatividade e capacidade. Aos poucos, à medida que nos esvaziamos, assim como aquela esponja, essa capacidade é restaurada e também restauramos a percepção de nosso verdadeiro estado interior, conhecido como "consciência ilimitada".

Somos "consciência" e somos nossa "capacidade". Elas são a mesma coisa e, no entanto, nenhuma delas jamais se perde, apenas fica temporariamente ocupada! Essa é uma verdade eterna sobre você mesmo que poderá conhecer por si mesmo.

NO **caminho**

O que fica no caminho entre entender e sentir isso, naturalmente é o nosso velho amigo, o ego, que está embasado no hábito do apego. Mas você não pode ficar livre do hábito de se apegar até que entenda e sinta onde se apegou (em sua mente), como se apegou (ao perder a si mesmo naquilo que está em sua mente) e por que se apegou.

Olhando para o lugar errado

Então, por que você fica apegado a alguma coisa ou a alguém? É apenas um engano que ocorre como resultado de sua busca por amor e felicidade, que de fato é a busca por você mesmo! Você está procurando por si mesmo "lá fora"; você está procurando "lá fora" o que acredita ter perdido, ou seja, amor e felicidade, sem perceber que nem eles nem você podem ser encontrados "lá fora"! Para conhecer a si mesmo como você é, e ser você mesmo como sempre foi, a busca tem de terminar. Esse paradoxo acabará por ser entendido por todos os que percorrem seriamente qualquer caminho espiritual autêntico.

Por que você quer, mantém, protege e defende qualquer coisa ou alguém? Porque acredita que eles são responsáveis por sua felicidade e talvez até sejam uma fonte de amor. É essa falsa crença que, como uma esponja, você "absorveu" de alguém ao longo do caminho. É essa ilusão, e os consequentes hábitos, que movem as vidas da maioria das pessoas hoje. Só podemos tirá-la de nossa consciência ao entendermos muito bem que todo apego cria insegurança, que é medo e tristeza, que por sua vez são infelicidade. Entender isso, sentir isso com muita clareza, significa que você "viu" o que está NO caminho de sua capacidade de estar em paz, de ser uma fonte de amor para os outros e de estar contente a cada momento.

Como é estar em harmonia com a lei espiritual?

Ao estar novamente vazio, totalmente desperto e ciente de ser um espírito, uma alma, que não é ninguém, você não estará pensando nisso! Você simplesmente será isso. Você estará ciente da leveza do seu ser, como você é, uma vez que não estará mais apegado e preso a "coisa" alguma dentro de seu ser. Assim como aquela esponja fica muito mais leve para absorver quando está vazia, você se sente mais leve quando está vazio, o que faz surgir um sentimento de completa plenitude ou de plena completude... ou ambos! Mas é isso que se pode chamar de tipo certo de plenitude, porque você se sente completo. As palavras acabam se tornando inadequadas para descrever e mapear esse território interno. Ele tem de ser sentido e conhecido. Sentimento e conhecimento vêm antes do pensamento e, portanto, antes de qualquer descrição.

Sem mais enganos

Você não é mais atraído ou "puxado" por algo ou alguém em quem investir a promessa ilusória de completude e satisfação. Agora, você sabe que um estado completo é ser sem absolutamente qualquer apego ou desejo. No mundo físico, costumamos acrescentar coisas para completar outra. No universo da consciência, no espaço espiritual interno que é o "eu", nós tiramos, liberamos e renunciamos, para retornarmos ao nosso estado completo. Ficar vazio é ficar cheio... por assim dizer!

À medida que você para de se confundir e se prender ao que não é, você passa a ter uma experiência interna da liberdade natural de ser. Não há mais nada dentro de você que esteja absorvendo a sua luz, então sente a mais profunda paz, não apenas como outro sentimento passageiro, mas como a essência indestrutível de você. A cura da percepção errônea de si mesmo como um objeto separado, acrescida da regeneração de sua capacidade de transcender a fragmentação do tempo do relógio, fazem com que perceba a unidade inquebrantável de tudo e de todos. Você "percebe" a unicidade que permeia toda a vida. Você parou de separar uma coisa da outra ou de tornar algumas coisas/imagens mais importantes que outras! Você percebe que tudo o que não é você é simplesmente uma imagem que passa pela sua percepção. Nessa percepção, você é capaz de pegar e abraçar "o todo" com facilidade. Ao fazer isso, é como se você abençoasse da melhor forma tudo o que vê. Você não pensa nisso. Nenhum pensamento é necessário. Você simplesmente é assim. E como você é assim, faz assim!

A vida vem através de você

Você conhece e sente o contentamento mais profundo, porque parou de julgar e tentar consertar outras pessoas e o mundo! Você reconhece que tudo é como deve ser, em todos os momentos. Você sente e conhece uma alegria consistente à medida que ela vem à tona em sua consciência, agora que parou de tentar apegar o seu coração e tirar sua alegria de qualquer "coisa", pessoa ou evento. Agora desfruta da companhia de todos (você dá a sua alegria) ao invés de depender da presença de alguns. Você se deu conta de ser QUEM realmente é, o que, em essência, significa ninguém! Isso faz com que você seja O QUE é, uma fonte de amor e luz no mundo, sem sequer pensar nisso. Você é capaz de enxergar através da ilusão (e dissipá-la) de que a vida está "acontecendo PARA você" quando desperta para a realidade de que a vida NÃO está acontecendo para você, ela está acontecendo ATRAVÉS de você!

Você está totalmente alinhado e em harmonia com as leis espirituais que são a base do ser espiritual que você é. À medida que essa harmonia interna flui através de você e de você, ela se manifesta de forma criativa nos relacionamentos e circunstâncias ao seu redor. Sua presença tem uma influência poderosa e profunda naqueles que estão próximos a você, nas mais edificantes maneiras. No entanto, também está ciente de que sua capacidade de tocar e elevar aqueles que estão além do seu contexto imediato, é ilimitada.

Mas você não precisa "pensar" nisso.

MAS espere um pouco! No momento em que você se apega e se identifica com alguma "coisa", *i. e.*, alguma imagem ou ideia, alguma lembrança ou projeção, alguma crença ou conceito, aí a sua energia, sua luz, sua vibração ficarão presas, bloqueadas, distorcidas e serão desviadas. E você vai "sentir". É por isso que todas as distorções e desvios que você vê no mundo "lá fora", também conhecidas como violência, têm sua raiz neste erro interno que chamamos de ego, que é a primeira distorção, o desvio original, o bloqueio primário da energia de nossa consciência.

Está tudo bem, está tudo bem!

No entanto, isso também está OK! Foi e é inevitável. O erro (ou erros) tinha de acontecer. Aconteceu, está acontecendo e continuará a acontecer em grande escala coletiva. Olhe para o mundo "lá fora" hoje, e o que você vê? Conflito quase contínuo, sofrimento, caos, desequilíbrio, desarmonia; praticamente em toda parte, e quase o tempo todo! Por quê? Não está certo ou errado, nem é bom ou ruim. É apenas o ego em ação. É o acúmulo de milhões e, por fim, bilhões de pessoas cometendo o mesmo "engano" inúmeras vezes, todos os dias, ao longo dos séculos.

Agora olhe novamente através do olho interior, o qual se abre quando você sabe que é o ser, e não a forma. Um ser que transcende o macroscópico teatro da vida e todos os microscópicos teatros de homens e mulheres. Dê permissão para que a sua "verdade" como um ser de percepção espiritual o informe de suas percepções, e eis que você perceberá todas aquelas peças teatrais humanas como se fossem todas uma única coisa. Todas fazem parte da mesma dança, da mesma peça, são todas marolas pelo mesmo oceano, todas cenas da mesma grande produção dramática, o mesmo filme épico, que continuamente se desdobra, subindo e descendo, fluxo e refluxo, exatamente como poderia, como deveria, como será, todos a sua volta a cada momento!

Você é capaz de perceber todas as cenas e situações como fios interconectados da mesma tapeçaria do rico séquito da vida. Você pode ver que, mesmo quando tudo aparentemente não vai bem, está tudo bem! Pois "o todo" está se desenrolando como se desenrolará, como desenrola, exatamente como está fazendo agora. É essa percepção do "quadro maior" que também faz com que você se liberte do julgamento e da condenação, da crítica e da preocupação, do controle e do conflito. Em essência, você fez as mudanças de resistência para aceitação, de medo para amor, de uma percepção de fragmentação para uma percepção da Unicidade do "todo".

Com seu coração limpo e vazio de toda a animosidade e toda a inclinação para atacar ou defender, a partir desse momento você se conhece como paz, você se entrega como amor e os outros o veem como um presente precioso em suas vidas.

À medida que você continua a limpar e esvaziar-se todos os dias, em um mundo onde somos principalmente encorajados a fazer o oposto, os outros verão a partir de você que existe um caminho melhor, um caminho mais verdadeiro, um caminho mais natural, um caminho espiritual, e, portanto, um jeito mais feliz de fazer a vida!

Emprestando e adaptando um aforismo bem conhecido:

Antes da iluminação, corte madeira e carregue água.
Durante a iluminação, limpe o balde e afie a lâmina.
Após a iluminação, esculpa a madeira em algo útil
e ofereça água aos sedentos!

Parte SEIS

GRANDES QUESTÕES

Mais clareza sobre o EGO, as emoções e o propósito da vida

Enquanto ministrando um curso de três dias no ano passado, intitulado **O que ESTÁ no caminho É o caminho**, surgiram várias perguntas dos participantes. Eis algumas dessas perguntas e respostas.

Como não deixar o ego assumir o controle?

Existem muitos sinais e sintomas que indicam que estamos pensando e agindo a partir de um falso senso de identidade. Quanto mais você meditar e contemplar sobre suas experiências do dia a dia, mais rápido ficará ciente dos pensamentos e comportamentos habituais que surgem do ego. Você começará a ler seus próprios sentimentos ou, mais precisamente, começará a reconhecer as emoções que está criando e sentindo. Toda emoção surge do ego (apego). Comece refletindo sobre o seu dia e lembrando os momentos em que "reagiu", em vez de responder de forma consciente e calma a algo ou alguém. Busque pela exata emoção dentro daquela reação. Dê um nome a ela. Olhe por trás e observe a que você estava apegado e se identificando, dentro de sua própria mente. Aos poucos você deixará de ficar tão facilmente apegado e, portanto, emocionalmente reativo. Leva tempo e depende, em grande parte, de quão interessado você está. Isso geralmente depende de quão infeliz/estressado você normalmente se sente!

Eu sei que em muitas situações/ocasiões estou errado em algum ponto, mas para me proteger lá vem o EGO. No processo de deixar o ego assumir o controle, eu machuco os outros, bem como a mim mesmo, então, como posso parar com tudo isso?

É de grande valia perceber que não há certo ou errado em termos de suas percepções e crenças. Ninguém está sempre certo ou errado – todos nós simplesmente temos diferentes pontos de vista em determinado momento. E eles também mudarão. Nós ficamos "emperrados" quando nos apegamos a um ponto de vista particular, ou seja, a uma crença específica. Então, perdemos "nessa crença" o nosso senso de identidade, e qualquer coisa que pareça contradizê-la é percebida como um ataque pessoal. Aí, rotulamos o outro e sua crença como "errado". É por isso que há tantos conflitos em todos os níveis no mundo hoje.

Quando nos apegamos, *i. e.*, ficamos "fixos" em um específico ponto de vista/crença, ficamos na defensiva e, por fim, essa atitude de defesa se tornará um ataque. As emoções que você cria, nessa defensiva ou agressão, são seus sinais de que está cometendo um engano, e o engano precisa ser corrigido. Isso começa abrindo-se mão da crença de "eu estou certo", e de estar aberto a outros pontos de vista. Infelizmente, a maioria de nós está tão profundamente programada na crença de que há "certo e errado" que, mesmo que apenas mentalmente, damos um salto, julgamos e condenamos os outros pelo que percebemos como errado. Perdemos nossa paz, perdemos nossa capacidade de nos importar com o outro e perdemos nossa felicidade. Mas não conseguimos ver como estamos fazendo isso para nós mesmos, então culpamos e projetamos nossa dor nos outros. E daí a razão principal pela qual tantas pessoas se tornam tão infelizes, tantas vezes, todos os dias. Estou certo de que você está familiarizado com o antigo refrão: O que você quer? Estar com a razão ou ser feliz?

Lembre-se: o ego não é nem negativo nem positivo, nem é certo nem errado, bom ou ruim, é apenas um "engano" que cometemos quando nos identificamos com algo que não somos, nesse nível mental sutil. Mas para corrigir o engano, primeiro tenho de estar ciente dele. E isso pode ser um desafio, simplesmente porque às vezes ele é muito sutil.

É possível remover totalmente o meu ego?

Você pode notar que há momentos em que não tem ego. Esses são momentos em que você simplesmente aceita todos e tudo como eles são; momentos em que está genuinamente curioso sobre algo ou alguém; momentos em que se doa àquele contexto sem querer nada em troca. Esses são momentos sem ego. Você não está apegado a nada e não está tentando projetar ou defender nenhum senso de identidade fabricado. Se você já teve momentos assim, como suponho que a maioria das pessoas tenha tido, por que então não criar mais, com mais frequência e por mais tempo? Se você já viveu momentos assim, por alguns minutos, por que não por algumas horas, dias, semanas etc. E claro, por que não removê-lo totalmente! Mas você não pode fabricar esses momentos.

É isso que muitos tentam fazer. Eles acreditam que estão sendo espirituais e fazendo algum tipo de esforço espiritual "tentando ser" mais sem ego. Mais humildes. Mas você não pode, isso é simplesmente o ego de novo. Tudo o que você pode fazer é "perceber" seus enganos, perceber o que está criando e colocando no caminho de ser você, de você ser seu "eu" autêntico. E parar de fazer isso. Aí, o seu ser naturalmente sem ego, você, o você naturalmente humilde, mas poderoso, emergirá por detrás de todas os mantos de apego que você tem usado para se esconder! Esteja interessado, esteja ciente, seja curioso, mas, acima de tudo, seja paciente, seja muito paciente nesse processo de ver exatamente o que está NO caminho!

Com o tempo, com a prática espiritual, (meditação e contemplação), você começará a perceber quando, por que e a que se apega, e o falso senso de identidade que consequentemente cria. Quanto mais se conscientizar, menos poder sua criação errônea terá sobre você, até que um dia ela não terá poder e, em outro dia, ela não existirá mais.

Como um relacionamento pode funcionar quando apenas uma pessoa tem EGO?

Imagino que não por muito tempo. Presumindo que por "relacionamento" você imagine duas pessoas estando/vivendo juntas.

Simplesmente porque, em um relacionamento, são necessários dois para dançar, e se um deles mudar os passos, o outro normalmente segue ou sai da pista! Aquele sem ego será mais forte internamente e pode "influenciar" o outro a "abrir mão" com tanta frequência que, aquele com ego por fim muda e segue. A realidade dos relacionamentos, porém, é que ambos sofrerão de ego, simplesmente porque geralmente há algum apego, e onde houver apego, haverá ego.

Ocasionalmente, você pode encontrar um casal que seja tão legal e com tamanha aceitação um ao outro, tão pouco reativo ao que o outro diz ou faz, tão confiante um no outro e transparente um com o outro o tempo todo, tão incondicionalmente doador um com o outro, tão livre de todas as expectativas sobre o outro – mas isso só pode ser algo muito raro! E mesmo que eles estivessem em um estado tão sem ego, ou seja, em um relacionamento "juntos, mas não apegados", você provavelmente descobriria que, em um nível mais profundo, aquilo não era real. E isso ficaria evidente quando um ameaçasse ir embora, na verdade, ir embora ou morrer, ou seja, deixar o corpo! Se o outro sofrer de alguma forma, significa que havia/há apego e, portanto, que havia o engano de investir a si mesmo, a sua identidade "no outro", ou seja, ego! O mundo nos ensina a acreditar que esse tipo de sofrimento é natural, mas, do ponto de vista puramente espiritual, qualquer sofrimento não é natural. É o sinal de ego/apego. Não é errado ou ruim, é real, acontece, mas é apenas outro sinal do ego agindo.

Em outras palavras, quando você está sem ego, está em seu estado espiritual natural. Você está sendo o próprio espírito, está sendo você mesmo como espírito, como alma, como o "eu", seja qual for a palavra que você queira usar para o "eu" que diz "eu sou". Nesse estado de consciência, você não está mais tentando ser alguém, você não tem necessidade nem inclinação a ficar apegado a nada. Você sabe que tudo e todos vêm e vão, como folhas que crescem, murcham, caem e são sopradas pelo vento.

O destino de uma folha é exatamente o mesmo que o destino de tudo o mais no mundo, incluindo os corpos que ocupamos. Essa é a coisa mais natural do mundo. Mas, por que choraríamos pela coisa mais natural do mundo? Porque não nos conhecemos como espírito, nós nos esquecemos de como ser apenas "seres"! E quando nos esquecemos disso, começamos a nos agarrar e nos identificar com as coisas "materiais" do mundo, sempre mutantes, sempre em decadência, sempre sendo levadas para longe. Isso começa com a morada que chamamos de "meu corpo"! Depois, isso se expande para os corpos de outras pessoas, ou seja, para os nossos relacionamentos íntimos. É por isso que sofremos. É por isso que nos "emocionamos" um com o outro! Raramente é apenas um parceiro que tem ego. Ambos costumam se emocionar, e culpam um ao outro pelas emoções que "sentem"!

Se não a maioria, muitos dos relacionamentos íntimos operam em uma análise silenciosa de custo/benefício! Os momentos de irritação ou frustração com o outro são vistos como normais e que devem ser tolerados, para evitar a alternativa que é a solidão ou o estigma da sociedade quando se é visto sozinho! Até que, é claro, essas irritações/frustrações se tornem frequentes e intensas o suficiente para influenciar o pêndulo na decisão de que os custos emocionais agora superam os benefícios da relação. Tais são os jogos do ego, mesmo no contexto de um relacionamento íntimo!

Será que o subconsciente faz parte do ego?

O subconsciente é um aspecto da consciência. O subconsciente é onde você guarda todas as memórias/registros de tudo o que criou na forma de pensamentos, sentimentos, tendências e hábitos. Eles estão registrados, mas mantidos fora de sua percepção do momento a momento, dentro do repositório do subconsciente. Se não fosse assim, o barulho e caos em sua mente literalmente o deixariam louco. O que você criou e manteve em seu subconsciente é o que às vezes é chamado de "negócios inacabados". São todas as formas de sua criação errônea. São todos os hábitos, pensamentos, ações e intenções que você criou quando NÃO estava em seu estado natural e verdadeiro de consciência, que é livre de apego e, portanto, pacífico, amoroso e alegre.

Ao criar qualquer pensamento ou ação que não esteja alinhado com o seu verdadeiro "eu", que não tenha surgido de seu estado verdadeiro e puro como um ser livre, ele é mantido em sua consciência, em seu subconsciente. É um engano ou uma criação errônea que está aguardando ser resolvida ou "curada". Infelizmente, ninguém nos ensina isso, nem como curar todas as feridas (criações errôneas) que estão em nossa consciência. Assim, apenas criamos e acumulamos cada vez mais lembranças de pensamentos, sentimentos e ações desalinhados. Por fim, a energia de todo esse acúmulo pode afetar a energia física que é o nosso corpo e, portanto, a saúde de nosso corpo. Essa energia também começará a gerar um fluxo quase constante de emoções, sabotando assim o nosso bem-estar.

É por isso que quase todos os seres do planeta não estão bem em seu ser e essa "indisposição do ser" acabará por prejudicar a saúde do corpo! Qualquer emoção é um sinal de que você não está bem naquele momento. A saúde física de seu corpo pode ser boa, mas você não está bem em seu ser (cf. o livro *O sistema imunológico da alma*).

Amor e alegria, paz e contentamento não são emoções. Eles são estados naturais do ser, quando não há apego, não há ego e, portanto, não há emoção. Eles são sintomas de bem-estar.

O seu subconsciente também está ligado à sua verdadeira natureza?

Quando você está sendo seu "eu" verdadeiro, a energia de sua consciência, que é você, está vibrando e irradiando o que chamamos de amor ou alegria. E quando você está nesse estado, não há subconsciente. Não há necessidade de um lugar para guardar qualquer registro de sua criação. Sua criação, que são seus pensamentos e sentimentos, estão surgindo como amor e alegria e eles encontram uma saída para o mundo através do seu comportamento. Você é como um rio e está "fluindo". O rio não deixa nada para trás, apenas carrega tudo em seu fluxo. Mas se você represar um rio, o rio para, fica estagnado e malcheiroso. Então, no primeiro momento em que você se apega a alguma coisa ou a alguém, é nesse momento que coloca uma represa diante do rio da energia espiritual que é você. Naquele momento, você está agindo contra o seu fluxo natural, e é nesse momento que sentirá algum tipo de sofrimento, que é a emoção do medo, o medo de perder aquilo ao qual se apegou. Agora você está em um estado de medo, o que não é natural. Não é o verdadeiro você. A estagnação e o malcheiro são inevitáveis... metaforicamente falando!

Quando você está em seu estado natural de consciência, que é pacífico e amoroso, não tem inclinação alguma de se segurar em nada. Você não precisa. Por que as pessoas se apegam hoje? Por acreditarem que aquilo a qual elas se apegam lhes traz algum tipo de paz, amor e felicidade. Mas, buscar amor e felicidade em qualquer coisa fora do seu "eu" só traz tristeza, medo e raiva!

Nós nos agarramos à crença de que paz/amor/felicidade vêm das coisas materiais da vida. Então nos agarramos aos estímulos memorizados resultantes de nossas indulgências materiais, acreditando erroneamente que são formas de paz/amor/felicidade. Você se lembra das coisas e das pessoas, e de suas interações com essas mesmas coisas e pessoas que você "acreditou" que lhe trouxeram amor e felicidade. Agora você está criando memórias, e precisa de um lugar para armazenar essas memórias; portanto, você cria um cofre em seu subconsciente – um cofre pessoal, cheio de memórias, imagens, sentimentos etc.

Mas essas memórias são baseadas em duas ilusões. A primeira é que você é apenas uma entidade material e a segunda é que paz, felicidade e amor vêm de fora do seu "eu". Essa crença não é verdadeira! Portanto, ela será a causa da falta de paz na forma de muitas emoções e, portanto, muita infelicidade. Elas são gravadas em seu subconsciente, aguardando os gatilhos que irão reativá-las e fazer você sofrer mais. Até a hora de encontrar um bom terapeuta!

Como me manter estável e ser um observador desapegado o tempo todo?

A prática da meditação fará com que você veja e perceba como está se apegando e se identificando com ideias e imagens, memórias e conceitos, e como isso está causando sua instabilidade emocional. Também começará a perceber que não pode ter, possuir ou se apoiar em nada nem ninguém. Você não precisa. Você não pode, de qualquer maneira. Em última análise, não é possível "ter" nada. Essas são as percepções que surgem quando você desperta para quem realmente é; ou seja, lembre-se: ninguém! Cada um de nós é um ser, vivendo em uma forma física. Continue a se lembrar de que "eu" sou o "eu" que diz "EU SOU" e que qualquer coisa depois de "EU SOU" não sou eu. Este corpo não sou eu, ele é minha morada, meu veículo, mas não é o "eu". Aos poucos, você perceberá que, apegar-se a alguém ou a alguma coisa, sempre resultará em sentimentos de instabilidade e insegurança. Tudo bem por um tempo. Nós podemos tolerar a instabilidade por bastante tempo. Até que...

Gradualmente, com a prática, você perceberá que tem a capacidade de manter esse nível de "observação desapegada" em cada vez mais situações.

Como tirar a emoção da equação ao enfrentar desafios?

Ora, toda emoção, como vimos, surge do apego (amor não é uma emoção!). O apego surge da "crença" – e a sustenta – de que eu posso ter/possuir alguma coisa. Isso dá origem ao desejo, ao pensamento "eu quero..." Então, quando conseguimos o que queremos, acreditamos ter encontrado a felicidade. Mas não, isso é apenas um estímulo temporário que se torna um apego que, então, "temo perder" ou temo não receber novamente! "Eu quero" aquele trabalho, é o desejo. Há um momento de estímulo quando conseguimos o emprego, o que resulta em euforia, que erroneamente chamamos de felicidade. Geramos, então, a crença de que o trabalho é meu. Aí vem o "erro do ego" – o trabalho sou eu! Gastamos muito do nosso tempo e energia, temendo perder o emprego, ou temendo que o que fazemos em nosso trabalho não seja aprovado.

Se você contemplar esse "processo", ele acabará lhe revelando o segredo de um ser verdadeiramente contente, alegre e feliz, que é "não querer nada"! Se você puder estar livre de todo desejo, conhecerá a paz e estará plenamente disponível para dar de si mesmo, que é amor, e é isso que dá origem à verdadeira felicidade. A paz é... o amor faz... e a felicidade premia. Aí, ao ser deparado com alguma situação, ou relacionamento – desafiador ou não – será que você consegue não querer nada da pessoa ou da situação? Se você realmente conseguir não querer nada e, ainda assim, entrar totalmente na situação ou no relacionamento, permanecerá emocionalmente livre internamente, e isso fará com que seja feliz e dê o melhor de si. Mas, se quiser algo para si mesmo, aí o medo e a raiva estarão sempre a poucos minutos de distância. Sofrimento e infelicidade estão a uma distância de apenas um pensamento, apenas uma palavra. Infelizmente, é assim que a maioria de nós "aprende" a viver toda a nossa vida!

Quando ocorre um grande desastre, certamente deve haver uma reação emocional e, então, chega a hora na qual você decide o que fazer?

É verdade, mas parece que muitos não sabem separar os dois. Em outras palavras, a emoção se torna o modelador do comportamento reativo. Ela molda a ação, que geralmente é violenta contra alguém ou algo dentro da situação que desencadeou (não causou) a emoção. A emoção é uma violação do estado natural e verdadeiro do ser. Ela simplesmente encontra uma saída para o mundo como uma projeção na outra pessoa ou situação. O segredo é perceber não só que não tenho nada a perder, porque nada é "meu", mas também perceber que não há desastres, que nada de ruim jamais acontece. As coisas simplesmente acontecem. Isso não significa que o sofrimento dos outros é bom e que deveríamos deixá-los lidar com aquilo. Pelo contrário, o sofrimento é um pedido de ajuda, mas só podemos ajudar se nós mesmos não estivermos sofrendo.

Em outras palavras, você só pode cuidar de outros quando você mesmo não está emotivo. É difícil colocar esse tipo de raciocínio e lógica em sua cabeça, simplesmente porque nos ensinaram quase o contrário. A percepção é tanto sua realidade como sua escolha. Mas só é possível "perceber com precisão" ao ter despertado para quem e o que você realmente é! É por isso que o desastre de uma pessoa pode ser a celebração de outra. Mas para a alma iluminada não é nenhum dos dois! É apenas outra cena!

Nós também não deveríamos nos identificar com as virtudes?

Você não pode se identificar com as virtudes, você não pode se apegar às virtudes. Você pode se apegar à "ideia" da virtude, ou à ideia de um comportamento virtuoso, ou à "memória" da ação virtuosa, e muitos o fazem. Mas isso apenas se torna a base de outra face, embora um tanto sutil, do ego. Você não é uma ideia ou uma memória. Virtude é amor em ação e o amor só age quando não há apego, nem agenda, nem desejo para si mesmo. Ser virtuoso vem naturalmente quando está sendo você mesmo, o que é o mesmo que ser amor! Se você "idealizar", não vai "perceber" isso. Você ficará apegado ao ideal e depois ficará desapontado sempre que perceber que não está vivendo de acordo com o "ideal". Outro dos jogos do ego!

Se em uma situação, eu me ater a ser amoroso, será que alguém pode dizer que estou apegado a ser amoroso?

Você não pode se agarrar a isso. Assim que você pensa "Eu estou sendo amoroso", não está, no sentido mais verdadeiro. Você está criando, apegando-se e identificando-se com uma ideia/imagem de "ser amoroso", o ego então se formará e você saberá que é ego no momento em que "se ressentir" com qualquer falta de reconhecimento ou apreço por seu estado amoroso! Ou, quando o outro rejeitar minimamente a sua aparente amorosidade, você ficará um pouco aborrecido. Isso significa que não era amor verdadeiro, era apenas um ideal fabricado com o qual você se identificou. Ego novamente.

Como você ainda pode ser determinado ou querer resultados se não houver ego?

Sim, boa pergunta. A determinação da maioria das pessoas é guiada pelo ego. A maioria das pessoas guiada por resultados são guiadas para as conquistas. É por isso que eles tendem a ser muito infelizes durante o percurso à meta, e depois se permitem um momento de euforia apenas quando chegam/conquistam. Então, vão de novo para a próxima conquista e mais luta e tensão para chegar lá. Além disso, é provável que haja muito medo de fracasso pelo caminho! Mas se você os desafiar, eles provavelmente dirão. "Mas eu gosto desse jeito, é assim que se vive a vida, todo mundo faz isso, se você quiser se dar bem na vida, tem de definir suas metas e ir atrás delas." Mas para mim, isso é apenas um conjunto programado de crenças que garante que a vida não será muito feliz. Lembre-se, alguns acreditam que os prêmios de todas as conquistas, apesar do estresse do caminho, será o suficiente para comprar algumas semanas na praia. É aí que entra outra crença doida que diz que "valeu a pena afinal de contas"!

Mas olhe bem de perto e notará como o seu senso de identidade está sendo moldado por uma imagem em sua mente do resultado/aquisição de fato. Então você tem de manifestar isso na frente de outras pessoas, para ter a confirmação de que conseguiu, para ter o reconhecimento delas, o qual você usa para reforçar a sua autoestima e senso de valor. Você está tentando ser alguém! É apenas um carrossel baseado em uma imagem que não é você de fato.

Pessoas determinadas geralmente são apenas pessoas teimosas. Elas não se atrevem a parar e questionar a validade do que estão fazendo, porque sabem que, se o fizerem, o que descobrirão pode ser um pouco assustador! Mas há aqueles que têm uma determinação silenciosa e uma consistência focada no que fazem. Eles não estão fazendo isso para mostrar, pelo reconhecimento ou para ficarem nas alturas com suas conquistas ou resultados. Eles estão fazendo isso porque é a coisa mais exata para eles fazerem. Esse senso de retidão vem do fundo de suas consciências, do próprio coração, de seu "eu"! Eles estão alinhados com sua veracidade, sua autenticidade, que surge do âmago de seu ser, não das metas e trajetórias que se sentem obrigados a alcançar para os outros no mundo.

Qual é a diferença entre ser livre/pacífico e ser complacente?

Ser complacente significa que você não se importa, que você é preguiçoso, que você não pode ser incomodado para garantir que crie a resposta mais precisa às pessoas e à vida ao seu redor e às situações que enfrenta. Importar-se é uma expressão de amor, e isso só é possível quando você está em paz consigo mesmo. Nossa paz é perturbada por nossos apegos, pelos pensamentos "eu quero" ou "por que não estou conseguindo" ou "estou prestes a perder alguma coisa". Então você só se importa consigo mesmo e não se importa tanto com os outros. Isso é interpretado pelos outros como complacência, como indiferença. Ao estar livre internamente (sem apego), você estará em paz. Você não se ocupa com preocupações sobre desejos serem satisfeitos ou não.

Desse modo, você está naturalmente mais disponível para cuidar dos outros.

Como se desapegar? Isso não é um sinal de fraqueza? Não haverá uma perda?

Desapego não significa que você evite ou não se importe. Você simplesmente muda seu relacionamento com o(s) objeto(s) de apego. Isso ocorre inteiramente dentro de sua consciência. Em vez de considerar que algo é "meu", na verdade, você percebe que ninguém, e coisa alguma são "meus"! Em um nível mais sutil, ao praticar meditação, o primeiro passo é a "observação desapegada". Isso faz com que perceba que existe você, sua mente e o que está em sua mente. Você não é sua mente e não é o que está em sua mente. Gradualmente, você rompe o hábito de perder seu senso de identidade naquilo que está em sua mente. O que está em sua mente está sempre mudando, se movendo, indo e vindo. Mas você ainda é o espectador, a testemunha, o observador. Ao restaurar essa "posição" interna, você está desapegado. Mas ainda se engaja e interage com o mundo. Mas agora é sem emoção e com mais... sentimento! Agora você não está mais vulnerável às palavras e comportamentos dos outros. Isso significa que você está no poder de si mesmo. Isso é força, não fraqueza.

Quando você diz eu não sou nada, isso não é menosprezar a si mesmo?

Quando olhamos profundamente para o ego e apego e compreendemos como criamos todos esses "eus", por assim dizer, baseados em ideias e imagens em nossa mente, sempre voltamos à pergunta "então, quem sou eu?" Se eu não sou o carro, o trabalho, o parceiro, a nacionalidade etc., quem sou eu? Quando respondi a essa pergunta em algum momento aqui, eu não disse que você era "nada", eu disse que você era "coisa alguma"! Há uma diferença.

A maioria das pessoas simplesmente acredita que elas são seu corpo, que é uma coisa, um objeto, então, elas se objetificam. Elas começam a se identificar com o que colocam no corpo e ao redor do corpo etc. Mais coisas. Alguns se identificarão com um sistema de crenças assimiladas ou com suas emoções, que são, na consciência, apenas mais "coisas". Mas você e eu não somos uma coisa. Nós somos os criadores das coisas, como criadores de pensamentos, sentimentos, ideias, crenças, intenções etc. – essas são "coisas" e nós somos o criador. Mas o criador não é uma coisa. O que é outra maneira de dizer que você não tem identidade! Coisa alguma realmente significa ninguém! É uma espécie de paradoxo. Ao ouvirem isso, as pessoas ficam muito assustadas e começam a pensar que, se acreditarem nisso, perderão sua identidade. Mas elas não percebem que já estão perdendo sua identidade muitas centenas de vezes, todos os dias. É uma maravilhosa ironia, um paradoxo, uma piada cósmica, um grande engano, chame como quiser.

A liberdade maior é perceber que você é ninguém! Mas parece que não é possível perceber isso totalmente até que estejamos prontos. Até termos feito o nosso trabalho interno. É como se você não pudesse perceber a realidade de ser ninguém até que tenha percebido que tentar ser alguém é fútil e um ato contra a verdade de quem você realmente é! Você certamente é ninguém no sentido de "não ser uma forma física, o corpo", mas você também é "um ninguém" no sentido de não ser alguém especial!

Ao perceber isso por si mesmo você está livre para ser o seu "eu". Mas você não pode pensar ou teorizar o caminho até lá. Tornar-se nu dentro de si mesmo é ser você mesmo. Todas as identidades falsas que você cria são como camadas de roupa que você usa sobre o corpo. Elas precisam ser "descartadas". Aí você fica internamente nu. Não é tão fácil depois de toda uma vida acreditando que você é "um corpo" e "alguém"!

O ego é apenas negativo?

O ego não é negativo nem positivo. Ele é uma criação da consciência, e não há positivo ou negativo dentro da consciência. É simplesmente um engano, no sentido de criarmos uma imagem mental e depois perdermos nosso senso de identidade na imagem, e usarmos a imagem para dar a nós mesmos nosso senso de identidade. É um movimento tão sutil dentro da consciência que, na maior parte do tempo, não nos damos conta. Mas, como vimos, ele é a causa de todo sofrimento, todo o nosso estresse, toda e qualquer tristeza, e é por isso que a tendência é que o chamemos de negativo.

Ao se inclinar para a mentalidade negativa *versus* positiva, você começa a pensar "certo e errado", então é "bom e ruim". Mas não há bom ou ruim "na realidade". Não existem pessoas más, apenas pessoas que não estão cientes de que criaram um ego, e que é do ego, desse erro, que sua violência surge em relação aos outros. Ao reconhecer e perceber isso, você se liberta de julgamento e condenação, e isso abre a sua consciência – você – para a compaixão. Mas isso também não é tão fácil, pois todos nós fomos brilhantemente condicionados a "acreditar" em positivo/negativo, certo/errado, bom/ruim. Todos os dias o mundo e as pessoas a nossa volta nos influenciam no retrocesso a essa "mentalidade"!

Como podemos criar naturalmente, e será que essa criação está se afastando da realidade ou sendo ingênua, no caso, por exemplo, de alguém estar tratando você mal?

Ninguém o trata mal! As pessoas simplesmente dizem e fazem o que dizem e fazem. Em outras palavras: *Não é o que você diz e faz que me fazem sentir assim, é o que eu faço com o que você diz e faz que me faz sentir assim!*

Você somente acredita que alguém o trata mal porque "acredita" que deveria ser tratado de uma determinada maneira. Você tem uma ideia/imagem de como "deveria" ser tratado e está apegado a ela. É novamente o desejo! Você "quer" receber determinado tratamento!

Então, quando as pessoas não se comportam de acordo com a imagem a qual está apegado, você cria irritação em alguma forma de raiva e a projeta nelas. E se elas também ainda não estiverem esclarecidas com relação a tais trocas, é provável que fiquem aborrecidas com o seu modo de tratá-las e, retornarão isso a você, e você retornará a elas, e elas retornarão a você. E quanto tempo isso dura? Em alguns casos, a vida toda. Às vezes, isso é chamado casamento! ;-)

Se somos ninguém, sem identidade intrínseca, como viver e operar no mundo cercados por pessoas que parecem tão certas sobre quem elas são?

Ao usarmos a linguagem internacional dos rótulos. Essencialmente, todas as identidades são rótulos que damos a nós mesmos, incluindo sexo, cor, idade, nacionalidade, profissão, religião etc. Eles são rótulos, e as pessoas falam a partir de seus rótulos. Então, aprenda a falar essa língua. Mas a diferença é que você não se identifica com o rótulo. Em um aeroporto, eu não passo pelo controle de passaportes dizendo: "Olha, esse não sou eu realmente. De fato, eu sou ninguém"! Não, você joga o jogo e fala a língua. Mas se o seu rótulo de nacionalidade for "britânico" e alguém insultar os britânicos, isso não o incomoda nem um pouco, porque dentro de você não há apego ou identificação com o rótulo, a ideia, o conceito que chamamos de britânico. Do ponto de vista espiritual, "britânico" é apenas outra ideia! E eu não sou uma ideia!

Então, se não temos identidade intrínseca, se somos, na verdade, ninguém e coisa alguma, qual é o sentido da vida, qual é o propósito em viver?

O propósito da vida é tão simples. É quase simples demais de perceber, tal é a complexidade que criamos e estamos acostumados em nossa vida. O propósito da vida é "viver". Isso naturalmente dá origem à próxima pergunta que é "como viver"? Como viver neste mundo físico? Claro, todos já estão vivendo o seu propósito, mas a grande maioria não percebe isso. Eles a) "acreditam" que não há propósito, b) eles não conhecem o seu propósito ou c) eles têm de encontrar o seu propósito. Mas você já está vivendo isso, a cada momento de sua vida. Como você sabe? Espere um pouco. Sente-se quieto. E observe o que você está fazendo a cada momento, independentemente de onde esteja ou com quem esteja. Você verá que está "pensando". Você está gerando pensamento. Portanto você é um criador. Tudo o que você faz começa em sua mente, com seus pensamentos. Portanto, você é intrinsecamente criativo.

O seu propósito é ser criativo. Não em um sentido artístico. Esse é um aspecto muito pequeno e limitado de nossa ideia sobre criatividade. Algumas pessoas às vezes dizem "muda de vida!", especialmente se eles não aprovam o outro! Mas eu não vim aqui para "mudar de vida". Estou aqui para "criar minha vida". Ponto. É apenas uma questão do que está informando a minha criação, o que está moldando meus pensamentos, decisões e escolhas. Será que é o condicionamento dos outros, são os sistemas de crenças dos outros, ou é a minha autopercepção, meus próprios entendimentos, são as verdades mais profundas que compreendi que estão me dando informações de como devo criar minha vida, minha jornada pela vida e o que eu manifesto na vida? Somente você pode saber, precisamente por si mesmo, a resposta para isso.

Entretanto, se você sentir qualquer tristeza, estresse ou sofrimento, esse é o sinal que a sua criação não está alinhada com a sua "veracidade", você está criando erroneamente! Isso ainda é algo criativo, porém moldado por ilusões, por um conjunto de crenças que não são verdadeiras, geralmente pela influência e agendas dos outros. Para a maioria das pessoas, são as outras pessoas e sua influência que moldam como elas criam a própria vida. Pais, professores e políticos, todos têm suas agendas, que tentam alcançar através de nós, à medida que crescemos e vivemos no mundo. Nós herdamos seus apegos, suas crenças e percepções, e porque os vimos como figuras de autoridade, nós simplesmente acreditamos cegamente que eles estavam certos! Eles não estavam certos e não estavam errados, eles apenas estavam dormindo! Apenas inconscientes de que não estavam criando suas vidas livres de apego, livres do ego, como seres livres.

Eles não tinham percebido – e a maior parte das vezes ainda não perceberam – que não existe tal coisa como nacionalidade, que nós não somos nossa raça, que crenças religiosas apenas se tornam apegos que nos manterão em conflito uns com os outros à medida que geram medo e divisão onde não existe nada disso! Eles não estavam – e ainda não estão – cientes de que é garantido que apego a qualquer coisa ou a qualquer pessoa significa criar uma vida infeliz. Eles aprenderam que amor é apego, que preocupação é cuidado, que empolgação é felicidade. Então eles passaram essas crenças, essas ilusões, para nós. Mas você tem de ver e perceber isso por si mesmo. Caso contrário, essas palavras não têm poder.

Como mencionei anteriormente, é melhor não "acreditar" em uma única palavra que digo. Veja por si mesmo.

Onde entra Deus na questão de encontrarmos nosso caminho, além de nosso ego e emoções?

O pensamento começa como uma onda de energia que surge naturalmente do ser. Deus é um ser e você é um ser. Ondas de energia surgem e emanam de você, como surgem e emanam do Único, da Fonte, que chamamos Deus. A diferença é que nós damos uma forma às nossas ondas, e para isso criamos/emergimos uma "mente" dentro de nossa consciência. Nós as chamamos de "formas de pensamento". Enquanto Deus não precisa dar uma forma às "suas ondas"! Então ele não precisa criar uma mente. Ele apenas ondula... por assim dizer! Ele apenas irradia luz. A propósito, não é Ele nem Ela, uma vez que um ser espiritual não tem gênero. Ele ou Ela são usados aqui por conveniência e talvez para não torná-lo impessoal demais.

Deus está sempre irradiando ondas sutis de energia. Alguns chamam essas ondas de luz espiritual, enquanto outros as chamam de vibrações divinas. Como o sol no céu, Deus irradia essa energia espiritual sutil em todas as direções o tempo todo. O que acontece é que em uma dimensão espiritual não há direção e não há tempo! No entanto, quando elevamos nossas próprias vibrações, somos capazes de captar essas ondas, essas vibrações e, assim, criar uma conexão pessoal direta com o UNO, com a "Fonte", com o ser que tem sido chamado por muitos nomes. Somos capazes de nos banhar à luz do sol espiritual. Então, por que não o fazemos?

A principal razão é que criamos uma mente dentro do nosso ser. Quando em nossa mente, damos uma forma às ondas que emanam de nosso ser, ficamos ocupados com nossas "formas de pensamento". Começamos a pensar em nossas próprias formas de pensamento e criamos mais formas de pensamento! Então ficamos apegados às nossas formas de pensamento enquanto tentamos preservá-las. Aí, nós nos perdemos "nas formas" que criamos. Nós não estamos mais "disponíveis" e abertos para receber as ondas de luz da fonte.

Ficamos "fechados" dentro de nossas formas de pensamento, em nossa mente. São nossas formas de pensamento que bloqueiam a entrada daquelas ondas de luz radiante em nossa consciência, de modo que elas não conseguem se conectar com nosso ser, elas não conseguem tocar nosso coração. Nós nos tornamos intocáveis! E nosso coração murcha silenciosamente dentro de nós. Por vezes não tão silenciosamente!

É por isso que se você quiser se conectar a Deus, à Fonte, precisará continuar "ondulando", mas pare de dar forma às suas ondas! Esse é o propósito da meditação, parar de criar formas de pensamento a partir das ondas de energia que emanam constantemente do coração de seu ser. Então sua luz, que é você, fica livre para encontrar e receber as vibrações leves e amorosas da Fonte. Luz conecta-se a luz. Quando suas ondas encontram as ondas da Fonte, você sente algo extremamente belo. Muitas vezes isso é chamado de êxtase.

Essa conexão, essa união, também é chamada de yoga. Quanto mais você se conecta e se une nesses momentos com a Fonte, menos precisa pensar, e menos ego cria, à medida que deixa de se apegar e identificar com suas próprias formas de pensamento. A vibração de Deus, como um ser de energia espiritual, é a mesma de nossa vibração original, antes de começarmos a nos apegar a imagens/ideias (pensamentos) em nossas mentes. A diferença é que Deus não foi influenciado pelo mundo material. Isso não significa que você nunca precisará criar formas de pensamento.

Obviamente, precisamos usar nossos pensamentos e, portanto, nossas mentes para navegar nos aspectos práticos de nossa vida cotidiana no mundo. Mas a quantidade de "formas de pensamento" torna-se menor e a qualidade de "formação de pensamento" torna-se maior.

Quanto mais você mantém essa conexão com a Fonte, mais ela lembra e influencia você a retornar à sua vibração original, como fonte de luz espiritual que chamamos de paz e amor. Ocorre um tipo de purificação quando todas as ilusões são vistas apenas assim, como ilusões, e todas as feridas emocionais são gradualmente curadas.

Estabelecer essa conexão requer o silenciamento da formação de pensamento mental. Não em uma luta interior ou resistência, mas com um processo meditativo suave, pelo qual o "eu" deixa de energizar qualquer atividade formadora de pensamentos, retornando ao centro de si e ficando quieto e silencioso. Então o coração começa a se abrir, o que equivale a uma flor silenciosa e graciosamente se abrindo para o sol. Para fazer isso, você tem de ficar fora de sua mente. Portanto, a primeira prática da meditação é a observação desapegada (de toda a criação mental, de quaisquer lembranças que possam emergir).

Manter a conexão significa gentilmente lembrar-se de que a luz da Fonte está sempre disponível, mas que qualquer apego, qualquer ego, se colocará no caminho, bloqueando a luz. Você naturalmente começa a notar e verificar qualquer inclinação ao apego. Você evita revigorar o ego. Você percebe e dissolve a inclinação de se tornar emocional. Esses são os sinais de que a conexão foi interrompida ou está prestes a quebrar.

Paciência e prática "aqui dentro", com a intenção de ser amoroso com toda a criação "lá fora", gradualmente resultam em você ser o que sempre foi, ou seja, você mesmo!

Parte SETE
O epílogo e a essência

Mantendo a simplicidade

O epílogo

Existe uma curiosa aspiração a ser encontrada na declaração e constituição de uma certa comunidade no mundo! Ela é expressa como: *Um "direito inalienável" para "a Vida, a Liberdade e a Busca da Felicidade".*

Mas, em um exame mais minucioso, de uma perspectiva puramente espiritual, isso não faz muito sentido pelos seguintes motivos.

O direito à VIDA

Estar vivo não é um direito que possa ser concedido por ninguém. É uma responsabilidade a ser cumprida por si mesmo. De um ponto de vista espiritual, o direito a estar vivo é irrelevante, pois o eu/alma/espírito nunca está sem vida! O modo como vivemos nossa vida no mundo material só pode ser uma responsabilidade pessoal, e o direito a "não ser morto", que é exatamente o que esse "direito" indica, é na melhor das hipóteses ilógico e, na pior das hipóteses, provavelmente um tanto tolo!

O direito à LIBERDADE

A verdadeira liberdade não é a capacidade de ir a qualquer lugar, fazer qualquer coisa ou dizer qualquer coisa. Liberação é um estado interno de ser quando o "eu" não está apegado a ninguém ou a "coisa" alguma. Somente o "eu" pode negar a si mesmo sua própria liberdade. Você pode trancar um corpo em uma sala, mas nunca a alma/o eu...! Ser verdadeiramente LIVRE não é um direito, é definitivamente uma responsabilidade pessoal!

O direito de buscar a FELICIDADE

Se você "busca" a felicidade de algum modo, com certeza torna a si mesmo infeliz. Buscar a felicidade significa procurar, perseguir, olhar para fora de si mesmo para encontrar a felicidade. Fazer isso é como olhar para onde ela jamais pode ser encontrada. Pergunte à maioria das pessoas: "Quem é responsável pela sua felicidade", e a maioria dirá: "Eu, claro!" Mas, dois minutos mais tarde, elas se aborrecerão com alguém ou algo, o que significa que elas ainda carregam a "crença viral" de que as outras pessoas e situações são responsáveis por sua felicidade. Felicidade é uma decisão, não uma dependência, é uma responsabilidade pessoal impossível de ser buscada!

A essência

Sempre que você acha que alguém ou algo está "no caminho", isso significa que, em sua consciência, deseja alguma coisa que se encontra do outro lado do obstáculo que aquilo representa. Observe que sempre que você deseja alguma coisa, seja um objeto, estar com alguém, ou que as coisas saiam do jeito que quer, isso acontece porque você está carregando uma crença falsa, uma ilusão, a de que só será feliz quando conseguir o que quer.

Essa crença é criada no momento em que perdemos a percepção da verdade sobre a felicidade, o que nos lembra que a felicidade acontece de dentro para fora, não de fora para dentro. Somos todos responsáveis por nossa própria felicidade. Muitos de nós percebemos essa específica verdade "na teoria", mas o hábito da dependência é tão forte, nossas crenças e ilusões sobre a felicidade são tão poderosas, que achamos difícil vivenciar essa verdade.

Mas ao fazê-lo, ao libertar-se da ideia de que VOCÊ tem de conseguir o que quer, para ficar contente e satisfeito, então perceberá que nunca houve nada NO caminho, exceto a própria crença. Mas o ego não gosta dessa ideia. Ele quer permanecer apegado, pelo menos a essa crença. Ele não quer se libertar dessa crença, porque se isso acontecer, ele morre!

É por isso que, se você estiver pronto para percorrer um caminho espiritual autêntico, precisará estar pronto para abraçar a morte para poder viver! A morte, nesse contexto, significa abrir mão de tudo o que você está apegado, tudo o que você deseja, tudo aquilo que você coloca como base de sua vida. É por isso que alguns dizem que a vida é apenas uma oportunidade para se preparar bem para a morte. Eles entenderam que são entidades espirituais e que a morte não é um fim em si mesmo, mas uma passagem que fornece uma ponte para o próximo capítulo. Parece que todos nós temos de começar a morrer bem antes de começarmos a viver... bem.

C'est la vie!

O caminho

A maioria de nós cresce acreditando
que sempre existe algo
NO caminho.
Enquanto muitos de nós passamos a vida inteira
lutando com os aparentes obstáculos,
parece que poucos perceberão
que NA realidade
não HÁ nada REAL NO caminho.
Esses são os que
rasgarão as cortinas da ilusão
trazendo clareza às suas confusões,
dissipando suas ideias equivocadas.
Por fim, ajudando os outros a verem que
nunca houve nem há nada NO caminho.
Só então você poderá ser acordado,
só então você poderá SER VOCÊ mesmo,
só então você poderá estar
verdadeiramente
EM SEU caminho!

Se você tiver quaisquer perguntas com relação a alguma coisa que tenha lido aqui, sinta-se à vontade para enviá-las para mim, em mike@relax7.com

Sobre o autor

Mike George é autor de 16 livros. Em uma mistura única de *insight*, sabedoria e humor, ele reúne as três principais vertentes do século XXI: autopercepção, inteligência emocional/espiritual e desaprendizado contínuo. Outros livros em português incluem *O sistema imunológico da alma* e *Mindsets*.

Ele pode ser contatado em mike@relax7.com

www.relax7.com

www.mikegeorgebooks.com

www.mythsoflove.com

LEIA TAMBÉM:

Atitudes que transformam

Como vivemos, como poderíamos viver

Anselm Grün

Nem sempre podemos escolher as circunstâncias externas de nossa vida, mas está sempre em nossa mão estabelecer nossos objetivos e trilhar nossos caminhos.

Anselm Grün descreve nessa obra atitudes que nos ajudam a trilhar nosso caminho, um caminho que não nos leve para o exterior, mas para dentro de nós. Segundo ele, com nosso modo de vida, ficamos frequentemente aquém das possibilidades que estão em nós. E por isso, Grün gostaria de convidá-los a descobrirem em si mesmos novas possibilidades que os levem a uma vida plena, à liberdade, à paz e ao amor. Suas capacidades são maiores do que possam pensar, e seu modo de viver não somente os transformará, como também o mundo à sua volta.

Autor reconhecido no mundo inteiro por seus inúmeros livros publicados em mais de 28 línguas, o monge beneditino **Anselm Grün**, da Abadia de Münsterschwarzach (Alemanha), une a capacidade ímpar de falar de coisas profundas com simplicidade e expressar com palavras aquilo que as pessoas experimentam em seu coração. Procurado como palestrante e conselheiro na Alemanha e no estrangeiro, tornou-se ícone da espiritualidade e mestre do autoconhecimento em nossos dias. Tem dezenas de obras publicadas no Brasil.